T0028246

LA CUNTINTIZZA

SIMONETTA AGNELLO HORNBY
COSTANZA GRAVINA

La
cuntintizza
(El contento)

Un elogio a las pequeñas alegrías de la vida

URANO

Argentina – Chile – Colombia – España
Estados Unidos – México – Perú – Uruguay

Título original: *La cuntintizza: Piccole ragioni della bellezza del vivere*
Editor original: Mondadori Libri
Traducción: Carlos Gumpert

1.ª edición Noviembre 2022

Reservados todos los derechos. Queda rigurosamente
prohibida, sin la autorización escrita de los titulares del
copyright, bajo las sanciones establecidas en las leyes, la
reproducción parcial o total de esta obra por cualquier
medio o procedimiento, incluidos la reprografía y el
tratamiento informático, así como la distribución de
ejemplares mediante alquiler o préstamo público.

Copyright © 2022 Mondadori Libri S.p.A., Milano
Simonetta Agnello Hornby and Costanza Gravina. All Rights Reserved.
© 2022 de la traducción *by* Carlos Gumpert
© 2022 *by* Ediciones Urano, S.A.U.
Plaza de los Reyes Magos, 8, piso 1.º C y D – 28007 Madrid
www.edicionesurano.com

ISBN: 978-84-17694-88-3
E-ISBN: 978-84-19413-05-5
Depósito legal: B-17.023-2022

Fotocomposición: Ediciones Urano, S.A.U.
Impreso por: Rotativas de Estella – Polígono Industrial San Miguel Parcelas E7-E8
31132 Villatuerta (Navarra)

Impreso en España – *Printed in Spain*

Índice

LA CUNTINTIZZA VIENE MEJOR CUANDO UNO ESTÁ SOLO

PERSONAS

LA CASA SECRETA

OTRAS PERSONAS

NUEVA INCURSIÓN EN LA COCINA Y EN SUS INMEDIATOS ALREDEDORES

LUGARES ENAMORADOS, CRISTALES ENAMORADOS

Ouverture

No la hemos descubierto ahora. La conocemos de toda la vida. Pero aquí, en este libro le hemos dado un nombre, la hemos reconocido, recogida en una sencilla palabra que se repite en nuestro dialecto pero que es tan acogedora, tan musical, que suena universal. No puede ser otra, tiene que ser *cuntintizza* porque en realidad no nos referimos exactamente a estar contento, ni a la satisfacción, ni a la alegría, ni queremos movilizar un concepto demasiado vasto como la felicidad ni podemos conformarnos con la serenidad.

La *cuntintizza* tiene que ver con la paz, pero incluye asimismo una vaga, seductora inquietud, un chisporroteo que aspira a permanecer encerrado donde está, como si fuera una bola de azúcar con aroma a canela, una bola en el fondo del alma, algo diminuto que se deshace y lo endulza todo por un momento antes de consumirse de inmediato.

De esa bola precisamente estamos hablando, de *cuntintizza*, y de las pequeñas y buenas razones de la belleza de vivir. Que son en verdad numerosas y tal vez toleren bien un catálogo, pero que a menudo maduran solitarias, inesperadas y necesitadas de un lugar propio, dado lo especiales que son, e intolerantes a las categorizaciones.

Nuestra intención es hablar y escribir sobre la *cuntintizza* tal y como la conocemos las dos, sin que ninguna ambición académica tenga que ver con este relato nuestro tan fragmentario, fundado en las luces que se encienden cuando nos sentimos en paz con el mundo: nos limitamos a contar cuándo se encienden y cómo lo hacen. Sabemos que los confines de esta insólita disciplina son inciertos, y es hermoso saber que lo son. Entre otras cosas, porque podríamos acabar incluyendo entre las formas de *cuntintizza* incluso ese fugaz destello, tan delicado, que relampaguea en un beso no dado, en un hecho no acontecido, en una esperanza que se adormeció por el camino.

Aunque pertenezcamos a generaciones diferentes nunca nos hemos sentido distantes. Para escribir este libro, hemos estado deambulando por sensaciones que han acabado revelándose comunes, por caminos que siempre nos conducen al teclado de esos latidos que son la partitura de la *cuntintizza*. Hay algo de sabiduría en este libro, y hay algo de ligereza, está en él nuestro mundo, su dulzura y su experiencia antigua. Hay mucho amor por nuestras familias y nuestros respectivos padres. Y hay hoy, al concluir el libro, un pensamiento, inevitable, que va a los que están sufriendo el conflicto en Ucrania; y va al tormento de una herida abierta de San Petersburgo a Kiev que, ante el desastre de la guerra, hace de dos pueblos un solo pueblo. Nos acechan tiempos que no son tiempos felices. No lo son. Y por eso nos resulta aun más querido lo que florece con obstinación y con la gracia de la retama.

Simonetta Agnello Hornby
Costanza Gravina

Post scriptum
Nos reconoceréis fácilmente, como las teclas de un piano:
Simonetta Agnello Hornby, en letra redonda
Costanza Gravina, en letra cursiva

LA CUNTINTIZZA ES UN ESTADO DE ÁNIMO

Cada uno tiene su propia
cuntintizza

En los últimos cuarenta años, la civilización de internet ha revolucionado el trabajo, las relaciones humanas y ha aportado, sin duda alguna, bienestar. Uno de sus más evidentes efectos negativos, por el contrario, se ha dado en el frente de los contactos humanos: resulta indiscutible que las personas tienen menos relaciones directas entre sí. Vivimos en un mundo en constante cambio, y hasta ahí nada que objetar. No tenemos miedo a las transformaciones, desde luego: cambia la moda, cambia la comida, cambian los gustos, cambia la familia, cambia la moral y cambia la forma de vida de los seres humanos. Y con todo... Con todo, algo ha pasado, la percepción que tenemos de nosotros mismos y de nosotros mismos en el mundo, así como de este incesante proceso de cambio, ha sufrido una sacudida.

Es irónico que a pesar de comunicarnos con tan inimaginable facilidad con tantos «amigos», seamos en realidad seres cada vez más solitarios y emocionalmente empobrecidos. Nos enfrentamos a un crecimiento exponencial del malestar psíquico, de la pobreza, de las tentaciones soberanistas: en una palabra, debemos hacer frente sin desearlo de verdad a la muerte gradual de la democracia. Cuanto más vemos el sufrimiento humano en las pantallas, menos hacemos para mejorar el mundo y la vida de sus habitantes. Hay ricos que rechazan la miseria ajena o incluso la repudian, se encierran en sus fortalezas de lujo, y son pocos los multimillonarios que siguen el modelo de Bill Gates y Warren Buffett, benefactores de la humanidad. Nosotros, los ciudadanos europeos nos consideramos civilizados e independientes. No nos damos cuenta de que en realidad estamos siendo vigilados y controlados por los verdaderos amos del mundo: las grandes corporaciones multinacionales occidentales —empezando por las que crean y controlan la tecnología de telefonía celular que llevamos en nuestros bolsillos— y ciertas naciones como Rusia y China, decididas a irrumpir en el mundo occidental sin demasiados escrúpulos.

En Europa, durante el aislamiento debido a la COVID-19, aquellos que disponían de conexión a internet y recursos económicos pudieron conseguir todo lo que necesitaban y más, comprando en línea desde alimentos hasta electrodomésticos, ropa, desde clases particulares hasta diagnósticos médicos, incluyendo incluso el placer sexual, con el consiguiente aumento de la pornografía (y no solo en línea), cada vez más orientada hacia la violencia y la violación.

Los asesinatos entre los más jóvenes —en manadas y cara a cara dentro de las familias— han aumentado en estos años de pandemia a un ritmo desconcertante, empezando por nuestra Europa, al igual que la violencia contra los ancianos. Todo ello en detrimento de las relaciones tradicionales entre los seres humanos, de la fisonomía protectora del núcleo familiar.

Tengo que reconocerlo: el material del que está hecha la *cuntintizza* ha vuelto con fuerza a imponerse dentro de mí en este tiempo trunco del coronavirus, se ha convertido en una suerte de hilo de esperanza y consuelo para mí. Me aferré a ella en los primeros días del confinamiento; no hay criatura en el mundo que no quiera alcanzarla instintivamente, casi sin darse cuenta. Al fin y al cabo, reconocerse «aquejado» de *cuntintizza* forma parte de nuestro instinto de supervivencia.

Pero ¿qué es la *cuntintizza*? ¿En qué consiste? La *cuntintizza* es un estado de ánimo, una condición de plenitud y satisfacción, un sentimiento de amor hacia el prójimo o hacia un ideal, y una aspiración de todos los seres humanos, así como de los animales. No tengo recuerdos de mi infancia en los que no haya *cuntintizza*. Sabía reconocerla: se presentaba a través del cariño de mis padres, del placer de la compañía de mis primos por parte de madre, así como de mi curiosidad por el mundo. Era una sensación íntima, privada y lo compartía con los que me rodeaban. Allanaba el camino que lleva a la esperanza y al bienestar interior, y parecía duradera.

La *cuntintizza* surge y se manifiesta en cada individuo sin revelar dónde se origina ni por qué existe. Puede alcanzarse de muchas maneras; yo la busco a través de la observación y la curiosidad.

Todos nosotros tenemos nuestra propia *cuntintizza*, luego depende de uno decidir si la comparte.

La *cuntintizza* necesita ser alimentada, cuidada y protegida, de lo contrario se atrofia hasta desaparecer. A veces, cuando se siente maltratada, se convierte en lo contrario, es decir, en malevolencia.

En la cocina

Me encanta pelar las verduras frescas recién cogidas del huerto, mondar patatas y cebollas, lavar y cortar menta y albahaca. Mientras las lavo y elimino los insectos que quedan, entre mis manos, mis ojos y las hojas todavía llenas de savia se crea una relación, como si las dos, la verdura y yo, fuéramos conscientes de formar parte del ciclo de la supervivencia: nosotros los seres humanos y la planta de la que brotarán otras hojas.

No me avergüenza decir que siempre estoy atenta al ahorro. En el supermercado busco productos de precio rebajado por estar próximos a su fecha de caducidad: leche, quesos, bebidas, frutas, verduras, carnes, pescado fresco, jamón y salchichón, pan, pasteles y galletas. Es una forma de contribuir a la lucha contra los desperdicios, y además comprarlos me hace feliz, me da incluso cierta sensación de aventura, ya que a menudo compro alimentos y bebidas que desconozco. Cuando llego a casa, meto inmediatamente en la nevera y en el congelador los alimentos que he de conservar. Luego me dedico a mi almuerzo, empezando por las verduras en oferta: cansadas, golpeadas y moribundas, salvadas de las estanterías del supermercado, las meto de inmediato en agua para reavivarlas y darles una muerte merecidamente digna en la sartén. El olor a grasa del sofrito de aceite de oliva y cebolla picada abunda en *cuntintizza*; añado enseguida un chorrito de vinagre y luego trasfiero en cascada las verduras trituradas a la sartén, en un derroche de colores, sabores y aromas que satisface los sentidos.

Mientras el sofrito se prepara, me como la pulpa de las naranjas y pongo a secar en el *riposto*, el cillero de casa, las cáscaras cortadas en una sola espiral: colgando de los alambres de metal tirados entre los estantes, desprenden un ligero aroma. De la cáscara seca sumergida en agua hirviendo para la tisana, *sbummica*, se desprende, un aroma atento y fuerte que se mezcla al mismo tiempo con el olor del fogón alimentado por las ramas secas de los olivos podados. Y ahí es donde me sorprende esa delicada sensación de plenitud que doma el alma.

En la cocina a los tres años

Mamá contaba que cuando yo tenía tres años y mi hermana Chiara, de pocos meses, era el centro de atención de ella y de la niñera, me escapaba de nuestras habitaciones y me refugiaba en la cocina; allí me sentaba en un taburete y observaba feliz a la cocinera y a las criadas mientras preparaban la comida.

Recuerdo que seguía su charloteo y, mientras se me hacía la boca agua, trataba de adivinar por los olores los platos que comería en la mesa; siempre había alguien que se apiadaba y me ofrecía un bocado de lo que se estaba preparando.

De ahí pasaba a la antecocina, el reino de Paolo, el chófer palermitano que trabajaba en casa Agnello desde que mi padre tenía cuatro años. Anciano ya, Paolo rara vez conducía, pero papá, a quien le encantaba ponerse al volante, se lo llevaba sentado a su lado como compañía. Se tenían mucho cariño.

En invierno, Paolo permanecía agazapado junto a la caldera de carbón que daba agua a los baños y calentaba los radiadores, cuidándola minuciosamente. Era muy goloso y yo compartía con él los caramelos que guardaba en el bolsillo de mi delantal; los chupábamos juntos, muy despacio, para que duraran todo lo posible, como dos cómplices, y mientras tanto él me contaba historias de la Gran Guerra, cuando fue a parar a Constantinopla, donde se comían los mejores dulces del mundo y vivían mujeres de ojos hermosísimos y rostro velado. Cuando el caramelo se había disuelto completamente, dejaba a Paolo y volvía a la cocina. Me sentaba en la escalerilla que se utilizaba para llegar a las baldas más altas de las estanterías del cillero y notaba los olores de la cocina. Recuerdo en particular el de patatas hervidas, peladas y trituradas para hacer puré, del que se exhala el olor a almidón que me revitalizaba. La chica que rallaba el parmesano para llenar la quesera de la mesa de los «mayores» me ofrecía invariablemente una viruta de queso cuyo sabor me llevaba al paraíso. Mientras tanto, olía los aromas de las hierbas culinarias que crecían en macetas (albahaca, perejil, romero), de la lavanda, que no se comía pero se decía que ahuyentaba las moscas, los de los «polvillos» para los dulces (canela, clavo, nuez moscada) y los más delicados y embriagadores del laurel y las vainas de vainilla.

A través del olfato y del gusto llegaron las primeras catas de *cuntintizza*, y, al cabo de setenta años, sigo escuchando su eco.

En la cocina de niña

La cocina ha sido mi lugar favorito desde que era una niña, la habitación que observaba con más atención cuando entraba en una casa. Y no me refiero a las paredes que la delimitan, sino al aire que se respira en su interior, a la sensación que transmite cada «pieza de utilería»: la mesa, la nevera, los hornillos, la balanza, la despensa, todos los utensilios.

Cada cocina tiene su propio carácter y comunica algo a lo que uno no puede permanecer indiferente. Entrar en ellas siempre supone una aventura, algo así como explorar una parte aún desconocida del mundo.

La cocina es el lugar donde todos los sentidos encuentran satisfacción. Tocamos los ingredientes valorando su consistencia, oímos el amable ruido del sofrito que chisporrotea, observamos como las materias primas se procesan, se cortan, se amasan, se hierven, se fríen o se guisan. Medimos como centinelas el olor que sale del horno, controlamos la cocción en los hornillos. De adulta he aprendido a confiar en mi sentido del olfato y no en las manecillas del reloj que preside todas las cocinas.

De niña me gustaba observar todo lo que pasaba allí dentro. Me sentaba en una silla apoyada contra la pared —no en la mesa de trabajo— con la esperanza de poder ofrecer ayuda en la medida de mis escasas fuerzas cuando se me permitiera, cuando hubiera encargos adecuados; de lo contrario, me bastaba con quedarme allí limitándome a mirar, esperando con paciencia. Aguardaba a que a Giacomina, la persona de servicio que trabajaba en nuestra casa desde antes de que yo naciera, se dignara darme alguna tarea. Era ella la soberana de la cocina. De vez en cuando le preguntaba insistentemente: «¿Puedo ayudarte en algo?», pero su respuesta era invariablemente: «Costà, vattinni a giocare, cà io haiu cosi ri fari», Costanza, vete a jugar que tengo mucho que hacer. Otras veces, en las horas muertas de la tarde, Giacomina me dejaba invadir su reino (suyo solo cuando mi abuela estaba ocupada haciendo otras cosas). Parecía una mujer dura, pero en el fondo no lo era, y al final cedía: sacaba de un cajón mi delantal de cocina impermeable, regalo londinense de mi abuela Teresa, me ayudaba a atármelo haciéndome un bonito lazo por detrás y por fin podía ponerme manos a la obra.

Giacomina preparaba la comida y la cena, mientras que preparar los postres era prerrogativa de los miembros de la familia. Era muy glotona y se los comía con voracidad, pero nunca pidió una receta. Cuando se dedicaba a las sopas yo era la encargada de partir los espaguetis: los ponía enteros en una mappina, un paño de cocina cuadriculado, y con sus manos grandes y fuertes los rompía, enseñándome a hacerlo, y yo la imitaba. El ruido de los espaguetis al romperse con las manos hasta reducirse a pedacitos hacía que me sintiera útil y parte de un equipo; de vez en cuando desplegábamos el paño para ver si los trozos de pasta eran del tamaño adecuado, el necesario para el caldo.

Mosè y las manos

De niña, en los campos de Mosè, la finca de mamá, yo solía ir a
la cocina por las tardes, miraba toda aquella maravilla recién recolectada y traída por los campesinos en sus cestas y me imaginaba los platos que se prepararían y cocinarían.
Cocinar significa tocar la materia prima, lavarla, limpiarla,
cortarla, mezclarla y, por último, elaborar las recetas. Es un
trabajo de imaginación y transformación. Detesto la depen-
dencia de la maquinaria que abarrota los estantes hoy. Detesto
el aparato de utensilios en los cajones de las cocinas modernas,
desde el cuchillo eléctrico a la batidora, hasta llegar a la tritu-
radora o el robot. Ya no hace falta probar la masa para combinar los ingredientes, y todos esos accesorios han empobrecido
la destreza manual: picar la cebolla, el ajo y el perejil, reducir
a polvo los palitos de canela, trabajar la masa y, por último,
lavar platos y ollas a mano; a estas alturas, todo lo engulle el
lavavajillas.

Las criadas, después del descanso de la tarde, pelaban las verduras
en la cocina, sentadas en círculo alrededor del saco. Yo aprendía
de ellas: elegían las piezas más tiernas y en las mejores condiciones para servirlas hervidas y aliñadas luego con aceite y limón.
Las que quedaban se picaban y se cocinaban con cebolla y patatas
para la sopa, o se guardaban en la nevera como «picadillo» para
añadirlos al día siguiente a los platos de carne o a las sopas. Me

fascinaba ese manejo, esa selección, para seguir luego la tradición y las recetas antiguas, y me sentía feliz de hacerlo con ellas. Las criadas me protegían y por eso me asignaban tareas fáciles, con alguna que me dirigía y me supervisaba. Les estaba agradecida: me sentía «mayor» y privilegiada por trabajar con ellas y escuchar su cháchara.

Por la tarde, en la finca, tras haberlo recogido todo después del almuerzo, las chicas de servicio se iban a sus habitaciones a descansar, dejando la cocina limpia; el olor de la lejía con la que se lavaba el suelo era intenso y agradable. En ese momento llegaba el turno de mamá y tía Teresa, que acudían, ellas solas, a «hacer algún postre». Oía el repicar de sus tacones y me reunía con ellas. A menudo hacían *pasta reale* (almendras picadas y azúcar glas, amasadas a mano hasta que la mezcla, firme pero aún maleable, estaba lista para el último paso: ser coloreada de verde), como nosotros llamamos al mazapán, y dejaban a un lado una tercera parte para modelar bolitas que ofrecer a los invitados junto con café. Yo me encargaba de la tarea de hacer bolitas muy muy pequeñas, todas iguales, que luego pasaba por azúcar cristalizado, y recibía dos o tres para comerme enseguida. Las demás se guardaban en una caja de metal para cuando hubiera invitados. Recuerdo la alegría de saborear la bolita hecha por mí, el crujido del azúcar entre los dientes y el denso aroma de la *pasta reale.*

Antes de marcharme, cuando mi tarea había terminado, mamá nunca dejaba de darme un último trozo de pasta real que había tenido escondido.

A diferencia de mí, ni a mi hermana Chiara ni a Gabriella, la hija del tío Giovanni que tenía su edad y con quien pasábamos todos los veranos en el campo, les gustaba ir a la cocina. Las dos eran cantarinas y disfrutaban cantando a voz en grito al aire libre en los balcones, o mientras paseaban por los campos y patios de la finca, una *cuntintizza* que me negaban mis padres y primos mayores, porque yo desafinaba.

En San Basilio con mi hermano

Cuando decimos «campos», especialmente si va precedida de un adjetivo posesivo, nos referimos a una finca que por lo general incluye una casa señorial, jardines y terrenos de cultivo. Ir al campo, ir «a nuestros campos» son locuciones que pueden sonar con diferentes matices. Para mí es más que un simple espacio al aire libre lejos de la ciudad. Es un estado de vida, es libertad. Cuando estoy en el campo siento que la naturaleza me ofrece mucho y tiene un poder regenerador muy fuerte.

El campo nos enseña a disfrutar de las cosas sencillas, con poco.

Nuestra finca, San Basilio, se encuentra a pocos kilómetros de Caltagirone, en la zona sureste de Sicilia. Esta localidad barroca es célebre por la famosa escalera de ciento cuarenta y dos peldaños decorados con azulejos de mayólica que conecta la parte más nueva de abajo con la más antigua de arriba.

La casa en la que vivimos hoy es un antiguo monasterio que pertenece a nuestra familia desde 1704, y que ocuparon en otros tiempos los monjes basilios. Su posición estratégica, sobre una colina, le permite vigilar la carretera que sube tierra adentro desde la costa meridional. Dentro de los muros que delimitan el patio, hay un recinto en piedra viva con una fuente de la que aún hoy mana agua. Y en el mismo espacio se halla una iglesia ahora sin consagrar. Se accede al patio a través de una gran verja de hierro forjado que por la noche se queda cerrada.

En lo alto de esa colina, San Basilio parece un lugar suspendido en el vacío, sobre todo porque se llega desde abajo, para tomar luego una pista sin asfaltar oculta por una espesa vegetación que se renueva de estación en estación y que conduce a su destino. A su alrededor, tan solo extensiones de tierra cultivada y árboles hasta donde alcanza la vista, una sucesión de granjas y actividades agrícolas. Cuando éramos pequeños, mi hermano Giuseppe y yo pasábamos allí mucho tiempo, a veces solos, otras veces en compañía de otros niños, hijos de amigos de nuestros padres. En realidad, nos gustaba estar allí fuera como fuera y nos sentíamos felices en cualquier caso.

El viaje desde Palermo era largo, y cada kilómetro parecía desdoblarse en nuestra imaginación, tan grande era nuestro deseo de llegar y redescubrir las maravillas que sabíamos que estaban allí esperándonos. El último tramo que recorríamos en coche iba desvelando poco a poco nuestra meta: la espesura de arbustos, las hileras de árboles de cítricos, luego un rincón de la casa y sobre todo el tejado, de color rojo ladrillo, que destacaba allí en lo alto como una promesa conservada intacta en la memoria. ¡Qué alegría! Todo estaba allí una vez más, tangible, real, dulce y fragante.

En el campo jugábamos mucho, y a menudo a juegos que en la ciudad no nos estaban permitidos. Y además del puro deleite, nos esperaban tentadoras experiencias que a veces sonaban casi transgresoras. Por ejemplo, la libertad de no bañarse todos los días, siempre y cuando nos laváramos los dientes y la cara (eso por lo menos). Era el mayor regalo que mi madre nos concedía cuando estábamos en San Basilio. De hecho, los niños odiábamos ser lavados y stricati, restregados, en la bañera, especialmente después de un día revolcándonos en la hierba, trepando por los fardos de paja, recogiendo flores y frutas silvestres directamente del árbol, perdiéndonos en largos paseos, jugando con todos los animales de la granja (mi padre nos había transmitido su amor por los animales).

¿Qué más daba si al final estábamos sucios y con la ropa en desorden? ¡Llevamos todo el sabor de la tierra encima! Y era una pura felicidad.

Nos sentimos unos privilegiados en comparación con los chicos de nuestra edad confinados en la ciudad.

También se nos permitía ordeñar las vacas con nuestras propias manos y beber la leche fresca recogida directamente en el vaso, templada y espumosa. La saboreábamos mezclada con azúcar y cacao soluble, y nos íbamos por ahí apretando con las manos el cristal para que no se nos cayera.

El camino lo conocíamos bien. Bajábamos corriendo por la escalera interna que llevaba del patio a los establos y nos asomábamos tímidamente a la puerta: en ese momento, viéndonos, los vaccari, los vaqueros, nos invitaban a entrar a la sala de ordeño. Por lo general nos limitamos a presenciar la operación a su lado, pero algunas veces se nos permitía echar una mano, para vivir la sensación plena de participar en el trabajo, con la satisfacción de no sentirnos unos simples visitantes, sino útiles incluso.

Mientras hregaba con las ubres encerradas en mis pequeñas manos, veía los grandes ojos de la vaca espiándome, pero —por lo menos eso me parecía— con paciencia y tolerancia.

Las vacas son animales de costumbres y obedientes: ordenadas en fila como soldados aguardan su turno para que las liberen de la carga de la leche que pesa sobre las ubres hinchadas. El ordeño ya no se hace manualmente como en otros tiempos, sino mediante máquinas que bombean la leche de las ubres, para que el proceso sea más rápido e higiénico. Afortunadamente, la memoria nos restituye esa forma fascinante (y extenuante) de trabajo manual.

Al terminar la tarea, a los niños nos quedaba el vaso de leche, a los vaqueros los cubos llenos para vender, y al igual que nosotros estábamos orgullosos de nuestra pequeña actuación, ellos lo estaban de vernos aprender su arte.

El aroma de la leche fresca es tan fuerte, tan intenso que casi aturde, y recuerdo de hecho que inundaba todo el espacio.

Con nuestro vaso en la mano, nos sentamos en el murete frente a la sala de ordeño y contemplábamos las vacas que entraban y salían de dos en dos. *De vez en cuando, alguna más indisciplinada era reprendida, pero bastaba con el latigazo de una voz más decidida para que la vaca volviera a su sitio.*

Giuseppe y yo éramos niños de ciudad, pero no había nada más gratificante que quedarse allí, al caer la noche, para disfrutar de todo ese chiffari, *ese ajetreo, de hombres y animales, ese entrelazamiento milagroso de gestos que parecían confluir en nuestro vaso de leche, en su cándida concreción.*

Cocina campestre

Desgranar guisantes y habas en la cocina campestre constituía otro de esos placeres a los que era difícil renunciar. Era una prerrogativa del período mayo-junio, cuando la tierra está en el apogeo de su esplendor: los campos sembrados aún están verdes y el jardín regala generosamente sus frutos.

Esperaba a que los campesinos trajeran a la casa los grandes canastos llenos de guisantes y habas todavía sucios de tierra y hierbas silvestres. Luego me sentaba en la bonita y tranquila cocina y empezaba a scricchiarli, a pelarlos, como me habían enseñado las mujeres del campo. Abría las vainas siguiendo la línea central hacia fuera, pasaba los dedos de arriba hacia abajo, dejando que los guisantes se deslizaran en una sopera, y metía las cáscaras en un cubo para dárselas después de comer a los animales. El mismo procedimiento se empleaba con las habas. Me encantaba pasar los dedos por la vaina para separar los frutos y tocar el interior aterciopelado al que están adheridos en una fila ordenada. Mirar ese color verde reluciente y respirar el aroma fresco me daba una sensación de paz y de belleza.

Una vez pelados, los guisantes y las habas se echaban cuidadosamente en una cascada lenta en otro recipiente más grande para comprobar que no había residuos de cáscaras. La mano, con los dedos abiertos bajo el flujo, servía de colador. En ese momento, el aroma del verde alcanzaba su apogeo, parecía como si todos los olores de la huerta de primavera tardía se concentraran allí.

Hay muchas otras hermosas sensaciones ligadas a la cocina campestre, como la que sentía solo con imaginar todo lo que podía *hacerse con los frutos que la tierra tenía para ofrecernos. Ver esa mesa que dominaba la habitación repleta de verdura apenas recolectada, de frutas de temporada, de botellas de leche recién ordeñada y de huevos aún tibios era motivo de alegría y sorpresa anticipada: quién sabe en qué platos se convertiría toda esa abundancia. Un estimulante punto de partida para la imaginación.*

La cocina de los «mayores»

Fui admitida en la cocina a partir de los cuatro años: ayudaba a quienes cocinaban y, sobre todo, observaba.

Lo primero de todo fue aprender a amasar la masa quebrada en un recipiente donde se habían colocado todos los ingredientes pesados. Usaba mis manos, una sensación hermosísima. Cuando la mezcla estaba compacta, extendía la masa con la ayuda de un pequeño rodillo sobre la *balata,* la lastra de mármol cubierta con una ligera capa de harina, bajo la mirada de la criada que me enseñaba.

Tenía libertad para la elección de los moldes metálicos de las galletas: redondos, rectangulares, de «picas» como los naipes negros; pero no para manipular el horno: eso era cosa de «mayores». Ayudaba a sacar de la fuente horneada las galletas ya listas —había que prestar atención para no romperlas— y las embadurnaba con un cepillo grande empapado en clara de huevo. Antes de volver a hornearlas dejaba caer con los dedos un hilillo de azúcar sobre la galleta para darle brillantez y consistencia.

Una vez listas, las galletas eran para todos, no solo para mí. Tenía que ofrecérselas en primer lugar a los que me habían ayudado en la cocina y a Paolo, que era muy goloso. Solo entonces llegaba mi turno de probar una, antes de colocarlas en una bandeja para servirlas a la familia en el momento adecuado. Yo era muy golosa y me hubiera gustado comerme más, pero me abstenía de cogerlas de la fuente; sabía que podría atiborrarme cuando todos los demás en la casa hubieran cogido una por cabeza.

El aroma que *sbummicava*, que se desprendía de esas galletas me llevaba al paraíso: una *cuntintizza* de las más hondas, que jamás he olvidado.

La *cucinata*, la preparación del almuerzo del mediodía era un momento de gran nerviosismo, y mi presencia en la cocina no era bien vista. La cocinera *arriminava*, removía los espaguetis en una olla con agua hirviendo y los probaba muy rápido: tenían que estar perfectamente al dente. Otros se encargaban de calentar la salsa de tomate para sazonar la pasta. Francesca, la criada de mamá que servía la mesa, comprobaba que las dos queseras estaban llenas y listas para los comensales: la pequeña era para el parmesano, un queso caro que venía del continente, y la grande para nuestro queso siciliano. Yo la observaba, con la esperanza de obtener de ella el habitual trozo de costra de queso: era nuestro ritual. En la cocina sabían que me volvía loca. Lo mordía con avidez para roer el poco queso que quedaba, luego lo mojaba en una tacita llena del agua de la cocción de la pasta, ofrecida por la propia cocinera, y al cabo de unos minutos lo sacaba, tibio, suave y muy fragante. Raspaba con los dientes el queso reblandecido, sin tocar la verdadera corteza, la externa, aún dura, que le daba a Francesca, mi cómplice. ¡No era solo *cuntintizza*, me sentía en el paraíso!

Después del almuerzo, cuando había limpiado la cocina y antes de irse a descansar a su habitación, Francesca me buscaba. Yo no andaba lejos, pues la esperaba. «Eso que tú sabes está en su sitio, en el rincón de siempre del armario», susurraba, y se retiraba al dormitorio.

Al cabo de un rato, a la chita callando, yo entraba en la cocina vacía. Los postigos estaban entreabiertos y las hojas de las ventanas entornadas, y en la penumbra podía notarse el olor a lejía del suelo recién lavado. Era el triunfo de nuestra complicidad secreta. Abría la puerta de «nuestros manejos» y encontraba en un platillo la corteza de parmesano cortada en tiras pequeñas, duras, húmedas y sabrosas. De una en una la iba mordiendo, ¡masticándolas después hasta reducirlas a una papilla sabrosísima, una delicia! Al final me lamía dedo a dedo para no desperdiciar lo que me quedaba en la yema de los dedos. Francesca y yo nunca confesamos nuestro secreto a los demás.

La masa quebrada

Lo más probable es que muchos de los lectores estén familiarizados ya con el placer de hundir las manos en harina, azúcar, mantequilla y huevos para amasarlos juntos y dar vida a la masa quebrada. En nuestra casa, reunirse alrededor de la mesa de mármol en el centro de la cocina para preparar los postres es un momento de reunión familiar, una costumbre que se ha transmitido desde hace varias generaciones, unidas por un único hilo conductor: el amor por la elaboración de postres.

Con todo, siento un vínculo especial con la masa quebrada: es la primera receta que aprendí a hacer. Estaba en el umbral de los cinco años, no llegaba ni a la altura de la mesa, cuando la amasé por primera vez junto con mi padre (mi maestro en asunto de postres). Tenía las manos demasiado pequeñas para hacerlo todo sola, y para conseguir una buena masa ya sabemos que el papel de las manos es fundamental. Él me pesaba todos los ingredientes con precisión en la vieja báscula doméstica, la que tenía platillos y pesas de latón (era tarea de mayores), luego los dejaba sobre la mesa de mármol para formar un montículo: primero la harina, luego el azúcar inmediatamente encima, en el centro del cráter que había obtenido, las yemas de huevo y, para rematar, la mantequilla cortada en trocitos, sacada de la nevera un poco antes para que fuera blanda y maleable. Para completar el montículo de ingredientes había un pequeño truco: una pizca de sal que, medida por mí, eran por lo menos tres o cuatro.

La receta era la misma que la abuela Teresa le había enseñado a mi padre cuando era un niño, y que él ahora, con idéntica *paciencia e idéntica entrega me enseñaba a mí. Era un momento especial, pero yo no me daba cuenta de lo que estaba pasando dentro de mí. Mientras mis manos amasaban, veía junto a las mías las de papá, imponentes y seguras, que trabajaban lentamente la parte grande de la masa, con sus ojos en las mías que trataban de imitarlo en la pequeña porción que me correspondía.*

Sentía la frialdad del mármol bajo el calor de los dedos con los que amalgamaba los ingredientes, y era precisamente el calor de las manos lo que fundía todos los elementos hasta convertirlos en una sola cosa: una masa suave, reluciente y olorosa.

Papá observa mi quehacer, dejándome siempre la libertad de equivocarme y de aprender a mi manera, sin impacientarse nunca. Al contrario, cuando me desanimaba porque algo no salía como es debido, tenía siempre una palabra de consuelo. Algo que sigue sucediendo incluso ahora que soy adulta y pillicusa, tiquismiquis, *sobre todo en la cocina. Papá siempre sabe cómo encontrar una solución para* commogghiare, *remediar, cualquiera de mis «errores».*

Yo observaba cada uno de sus gestos para imitarlo a la perfección, y esos movimientos constantes y lentos me daban una sensación de serenidad. De esa manera, poco a poco fue gestándose en mí una nueva conciencia: era el tránsito del conocimiento de papá a mí. Yo era la heredera de ese conocimiento, y quién sabe si algún día no haría yo lo mismo con mis hijos o mis nietos. Ese conocimiento era el mismo transmitido por mi abuela y eso me hacía mucha ilusión. Lo conservaría con cuidado.

También a través de los pequeños gestos se puede dar buen ejemplo. A los mayores hay que observarlos con la debida atención. Aprendí que cuando se pone amor en lo que se hace se alcanzan importantes objetivos, y que te digan simplemente «muy bien» es uno de ellos.

También aprendí que en la cocina se necesita tiempo y dedicación, como en muchas otras cosas.

La masa quebrada de nuestra casa solía estar destinada a preparar la tarta con mermelada, pero también servía para enseñar a los más pequeños a crear galletas de las formas más extravagantes, que los adultos nunca rechazaban, quizá porque eran un vínculo directo con los recuerdos de la infancia. Extender la masa con un rodillo era casi siempre tarea de un adulto, mientras que la impresión de los moldes metálicos para darle forma era un placer reservado a los más pequeños, una forma divertida de sentirse en cierto modo mayor en la cocina. Era un trabajo de equipo, y al lado de papá me sentía fuerte y lista para crecer y aprender todo lo que pudiera.

Todavía hoy, que ya no soy esa niña chapucera, él y yo nos reservamos algunos ratos libres para nosotros, generalmente por la noche o el domingo, cuando la cocina está menos abarrotada y reina la calma adecuada para dedicarnos a las recetas familiares, rigurosamente escritas a mano por mi abuela (y a veces difícil de interpretar). Nos lanzamos también a nuevos experimentos, por ejemplo, cosas que siempre hemos querido probar, pero con las que ni él ni yo nos hemos medido nunca. Esto es algo que nos gusta mucho porque mantiene vivos los vínculos con las tradiciones familiares. Al final, como hacían la abuela Teresa y su hermana Elena, nos sentamos alrededor de la mesa y valoramos nuestra obra antes de ofrecerla: «Está pasado de cocción», «La crema debería ser más suave», «El glaseado tendría que tener más chocolate», «Has echado demasiada azúcar al requesón» (yo a él…). Cocinar es también una oportunidad importante para la discusión.

Con todo, uno de los mejores momentos de la preparación de los postres (mejor dicho, el mejor) es y será a lo largo de los siglos siempre el mismo, y uno solo: rebañar las cucharas y los recipientes sucios. Un gesto que no tiene edad, que une a los grandes pasteleros y a los simples mortales. Uno de los parámetros en los que todos nos vemos reflejados, una especie de ritual de final de tarea. Me pregunto: ¿Quién no ha salido nunca de la cocina con el bigote sucio de chocolate? *Nada es más reconfortante que chupar las cucharas y pasar los dedos una y otra vez por los lados del bol hasta dejarlo casi impoluto.*

En cualquier caso, la degustación es siempre una buena costumbre, da la medida de nuestro trabajo. En mi familia, por ejemplo, tenemos un rito: cuando la masa está lista para ser extendida con el rodillo y dar forma a bizcochos o tartas, papá y yo probamos una bolita cruda para ver si todo está correcto y equilibrado. Una masa nunca es igual a otra, aunque la receta sea la misma, y como él dice siempre: «Si está rica cruda, lo estará también cocida».

Por supuesto, incluso cruda también tendrá su porqué, pero ¿qué decir del aroma de la masa en cocción? Yo lo definiría como uno de los más embriagadores que conozco (y reconozco). Es tan poderoso que es capaz de escalar desde el primer hasta el último piso del edificio donde vivo, demostrando una intensidad casi imparable. Recuerdo que si no estaba en la cocina y volvía a casa para cenar, solo tenía que girar la llave en la puerta y abrirla para saber que alguien en la cocina había horneado un postre.

Cocina de verano

Cada estación tiene sus elementos clave, que de forma indiscutible nos hacen pensar en un período específico del año en lugar de otro. Algo que vale también en la cocina.

Para mí, respirar el aroma de los tomates y de la albahaca fresca es sinónimo de verano. Pasaba mis vacaciones veraniegas en la casa de recreo de mis abuelos maternos en Addaura, un pequeño anejo de Palermo situado justo después del paseo marítimo de Mondello, famosa localidad de playa para los palermitanos. Este pueblecito marinero está ubicado entre el mar y la montaña y en aquellos tiempos era bastante tranquilo.

A finales de julio, la abuela Lia, de vuelta del mercado semanal y cargada con cajas de tomates frescos, acostumbraba a preparar una salsa que luego metía en tarros y botellas de cristal bien tapados como reserva para los siguientes meses. Yo solía sentarme a su lado y la veía manos a la obra, luego, cuando llegaba el momento, la ayudaba en lo que me resultaba posible. Primero escaldaba los tomates con toda la piel en una olla, luego, con cuidado para no quemarnos, los pelábamos y poco a poco los pasábamos todos juntos en el pasapurés. Yo giraba la manivela del artilugio con ambas manos mientras ella lo sostenía con firmeza por la base. Después de algunas vueltas, me paraba a descansar un momento y luego proseguía. A veces se volvía un poco cansado para mí que era una niña, así que seguía ella mientras yo la miraba. El jugo obtenido de esta manera lo poníamos al fuego, para que se redujera y adoptara una consistencia más espesa, la de la salsa.

Es en esos momentos, bajo el efecto del calor, mientras hundes el cucharón de madera para que no se pegue el fondo, cuando el aroma del tomate alcanza su ápice y libera toda su fuerza. Por no mencionar cuando el conjunto se funde con la esencia de las hojas de albahaca recién recolectadas que, echadas en la salsa hirviendo al final de la cocción, genera un connubio olfativo sin par.

No sé si todo el mundo estará de acuerdo conmigo, pero uno de los sabores más reconfortantes que conozco es el de la pasta con salsa de tomate y albahaca recién hecha. Afortunadamente, el tomate en conserva de cristal consigue mantener todo su sabor original y esa frescura propia de los productos de temporada incluso cuando los meses de calor y de despreocupadas vacaciones son solo un vago recuerdo. Basta con destapar uno de esos frascos en invierno, inhalar a pleno pulmón el aroma vivaz y chispeante que se desprende y cerrar los ojos por volver al gran escenario del verano, aunque solo sea por un instante.

El cuaderno de la abuela Teresa

Estoy convencida de haber heredado la pasión por la cocina de mi abuela Teresa, de la que lamentablemente no tengo muchos recuerdos «en vivo», porque empezó a no sentirse bien cuando yo era poco más que una niña. Las historias sobre su manera de tratar la comida, sobre su precisión a la hora de decorar los postres y sobre su dominio de los ingredientes, que le permitía cocinar «a ojo», son tan numerosas que tengo siempre la impresión de haber estado presente. Igual de famosas eran en nuestra casa las historias sobre la colaboración en los hornillos de las dos hermanas Elenù y Teresù (como solían llamarse), y todos los cumplidos que se intercambiaban cuando una probaba los platos de la otra, seguidos por elogios mutuos acerca de su buena mano. «No podrías haberlo hecho mejor, Elenù», «Te ha salido mejor que otras veces, Teresù», «Muy bien, Elenù» y así sucesivamente.

Fue mi padre quien se encargó de ocupar el lugar de mi abuela y enseñarme los trucos del oficio desde que yo era pequeña, como había hecho a su vez su madre con él, de manera que esa tradición de estar en la cocina no se perdiera y que esas recetas no murieran en el fondo de un cajón. Era nuestra forma de seguir estando con ella incluso cuando ya no estaba.

Las recetas de la abuela, en su mayoría de postres (al venir de una familia de golosos), estaban apuntadas en un cuaderno escrito a mano que papá y yo todavía manejamos hoy con sumo cuidado por miedo a estropearlo. El día que lo encontramos debajo de otros papeles, después de haberlo perdido de vista durante años, sentimos una gran emoción. Hojear esas páginas polvorientas, una a la vez, intentar interpretar esa letra no siempre clara era como perdernos en un tiempo suspendido, el de los recuerdos. Yo leía en voz alta, papá me escuchaba atentamente y de vez en cuando me interrumpía para añadir algún dato, algún detalle sin especificar, alguna anécdota relacionada con una receta en particular o con una ocasión en la que se utilizó.

Papá nunca ha sido un hombre de muchas palabras, ni alguien a quien le guste dejar su intimidad al descubierto, pero cuando algo lo toca de cerca, quienes lo conocen se dan cuenta por su forma de hablar de ello, por el diferente tono de voz y por su mirada. Y en esa ocasión lo percibí, pero me quedé en silencio, sin interrumpirlo, excepto para hacerle unas cuantas preguntas más, lo que parecía gustarle. Quién sabe si tal vez en ese momento, mientras yo sostenía ese librito en las manos, estaba viendo a su madre otra vez. Pasamos así la mayor parte de la mañana, el teléfono sonó incluso varias veces, pero no hicimos caso: era como si los únicos sonidos en el mundo fueran el de mi voz que no dejaba de leer y el de la suya con sus comentarios.

Eran recetas que la abuela había recopilado durante toda su vida, desde que era joven, cada vez que se presentaba la oportunidad de aprender a cocinar algo nuevo. Al principio eran hojas dispersas y mal escritas, pero en un segundo momento empezó a transcribirlas de manera más ordenada en un cuadernillo cuadriculado. Páginas manchadas con salpicaduras de quién sabe qué crema pastelera, de quién sabe qué masa. Escasas, sucintas notas, una especie de recordatorio que nada tiene que ver con las recetas modernas donde todo se explica con gran detalle. No hay indicaciones sobre la cocción, y en ocasiones ni siquiera sobre cómo llevar a cabo la preparación; apenas, y no siempre, están indicadas las dosis. Todo intercalado por un «proceder a ojo», «añadir tanto como sea necesario» o «seguir el propio gusto».

En medio de esas páginas de papel viejo y grueso, es fácil adivinar que quien escribe contaba con una mano de cierta experiencia, que no necesitaba perderse en detalles sino recordar tan solo algunos pasos básicos.

En su interior hay recetas de procedencia diversa, una cocina contaminada por diferentes tradiciones, y debajo de cada una está apuntado el nombre de la persona de quien lo aprendió, que da a menudo el nombre a la propia receta. Por ejemplo, la Tarta Passerini, receta que le pasó la mujer del jefe de policía de Agrigento, una querida amiga de la familia, o la Tarta Hylde, que toma su nombre de una cocinera de origen suizo. Hay incluso toques de cocina francesa en ese cuaderno, debido a las aportaciones del ama de llaves que en su momento se encargaba de la educación de los hijos en casa de los Giudice: Giovanni, Teresa, Peppinello y Elena. Mademoiselle Berte, además de enseñar a las jóvenes de la casa, Teresa y Elena, todas las tareas del hogar, empezando por lavar la ropa sucia una vez a la semana, sentía pasión por la cocina, especialmente por los postres.

Fueron bastantes las cocineras y amas de casa que pasaron por casa de los Giudice. Entre ellas se ve que destacaba una, Marisa, la más citada y tal vez la más popular, ya que muchas recetas del cuaderno llevan su nombre. Marisa era de origen véneto y permaneció en casa durante varios años, cuando mi abuela y sus hermanos eran pequeños. El famoso pastel de cumpleaños de todos los niños, incluido el de mi padre, lleva su nombre, Tarta Marisa, también llamada simplemente Tarta de Caramelo.

El olor a caramelo caliente (que no es otra cosa más que azúcar diluida en el fuego con una gota de agua) que se extendía para cubrir, cristalizando a la perfección, las múltiples capas de bizcocho fino relleno de crema de mantequilla y chocolate fundido era un recuerdo de fiesta y alegría para los niños de la época, que luego se nos transmitió a nosotros, sus hijos y nietos. En nuestra casa todos hemos preparado al menos una vez esa tarta, nada sencilla de hacer, pero de delicioso sabor.

Me hubiera gustado ser chico

En nuestra tierra, los mensajes de enhorabuena de los invitados en las bodas siempre incluían los mismos deseos: «Felicidad e hijos varones». A veces se omitía la felicidad y se decía simplemente: «Enhorabuena e hijos varones».

«*Imprisusa come un masculu pare, peccato che è fimmina*», tan echada *p'alante* que parece un chico, qué pena que sea una chica, decían de mí los parientes, los amigos de mis padres y los campesinos. En aquel entonces me ofendía, pero ahora comprendo que fue gracias a ellos como me volví feminista, por más que en ese momento no entendiera el significado más profundo de esta palabra.

En efecto, siempre estaba en compañía de mis primos varones, copiándolos en todo, y me gustaba ponerme pantalones, para demostrarles que a pesar de ser chica podía compartir sus juegos. Detestaba las muñecas. Mamá solía decir que cuando era niña, en lugar de cantarles canciones de cuna y acariciarlas, les sacaba los ojos, y cuando eran de celuloide y articuladas, para entender cómo estaban hechas, tiraba de piernas, brazos y cuello con tanta fuerza que rompía las gomas que los mantenían unidos, desmembrándolas. A partir de ese momento dejaron de regalarme muñecas.

Los campesinos *murmuriavano*, mascullaban: «*Chissà masculu avìa a nasciri*», se ve que tenía que haber nacido chico, cuando me veían de pie en el jeep de papá, pegada al parabrisas mientras rodaba sobre la tierra arada, zarandeándonos a base de bien. Papá decía que era como si estuviéramos en el mar, el jeep «superaba» maretazos de tierra como lo hacen los barcos sobre las olas, y se aseguraba de estuviera firmemente agarrada al parabrisas. Yo sentía entonces crecer en mí una intensa *cuntintizza* y el orgullo de tener un padre que me entendía.

Mis compañeros de juegos favoritos eran mis primos Silvano, el hijo de la tía Teresa, ocho meses menor que yo, y Gaspare, el hijo del tío Giovanni, tres años mayor, que también fue mi primer amor, ay, no correspondido. Yo tenía cuatro años y él siete. Tenía en mi mesita de noche una fotografía, tomada a petición mía por mi padre, en la que Gaspare estaba de pie con las manos en los bolsillos y yo apoyaba mi mano sobre su brazo, con inmenso orgullo. No me había dado cuenta de que en esa fotografía él miraba directamente al objetivo, claramente poco interesado en mí.

Al crecer, no tardé en darme cuenta de que los chicos solo nos superaban en altura; en todo lo demás eran como nosotras las chicas, si no peor. Desde entonces dejé de soñar con ser chico. No merecía la pena.

Crecer

En octubre de 1951 yo rondaba los cinco años. La familia seguía
en el campo, porque estaba en marcha la recolección de la acei-
tuna, a la que mi padre había querido asistir ese año, para probar
un cepillo especial con un mango muy largo capaz de *scotolare*,
de desprender las aceitunas de las ramas más altas, evitando el
uso de las escaleras de madera.

Hacía ya años que había en Mosè una escuela rural para los
hijos de los campesinos que empezaba a mediados de septiem
bre; Maria, la hija del mayoral y mi compañera de juegos, ya
había cumplido seis años, de manera que tenía que asistir a clase.
Yo también quise ir a la escuela rural, y me aceptaron, como
«invitada», solo para ese trimestre. Éramos una decena de alumnos de todas las edades, algunos venían de las fincas limítrofes de
otros hacendados. Recuerdo aquel otoño como la época más
emocionante de mi vida, aprendiendo todos los días algo nuevo:
una inmensa *cuntintizza*. La maestra, una mujer joven de cabello
castaño con una hermosa sonrisa, era capaz de repartirse para
dedicar parte del tiempo a la clase en conjunto y luego atender-
nos a cada uno de nosotros individualmente. Fue ella quien les
sugirió a mis padres, una vez que volvimos a Agrigento, que me
dejaran seguir estudiando con su tía, la señorita Gramaglia, empleada en la Delegación de Educación, quien daba clases particulares por las mañanas y por las tardes.

La hora de clase que seguía con ella todas las mañanas entre
semana —de 7.30 a 8.30— era intensa y muy agradable, tanto es

así que todos los años aprobaba los exámenes de la escuela primaria como alumna externa, sin mayores dificultades. Pasaba el resto del tiempo leyendo y dibujando en mi cuarto y luego en la cocina, con las personas de servicio, y en el salón con las amigas de mamá. No estaba mucho con Chiara y Giuliana. Mi hermana padecía de linfatismo y a menudo estaba postrada en cama, monopolizando la atención de nuestra niñera.

En Agrigento solo tenía una amiga, Chicchi, hija de una compañera de colegio de mamá. Nos queríamos mucho, y nuestra amistad sigue siendo hoy firme y profunda. Ella conocía el mundo exterior, habiendo vivido en África, en el norte y en Turín, y yo escuchaba embelesada sus relatos. De Chicchi aprendí por primera vez que el mundo es grande y variado.

La pubertad llegó para mí cuando tenía diez años y fue un shock, ya que no estaba preparada en absoluto. Acepté de buen grado el ser «una señorita» cuando mi madre y Giuliana, la niñera húngara, me dijeron: «De mayor podrás ser madre». Era una meta inimaginable, que nunca me había planteado. Después del primer momento de consternación, estaba de lo más orgullosa. Cada mes, anunciaba a las claras a cualquiera: «¡Ahora puedo tener hijos!». La primera vez que me oyó, papá puso una mueca de disgusto; lo habló con mi madre, quien me aconsejó que no mencionara más «esas cosas».

Me llevó algún tiempo aplacar mi orgullo y persuadirme para ser «tímida», evitando comunicar a los demás mis asuntos íntimos.

La bolita de café

Después de comer, los «mayores» tomaban café en el salón y luego se iban a descansar. Me parecía una locura: si el café servía para tener despierta a la gente, ¿por qué se lo tomaban antes de irse a la cama a dormir? Y si no se iban a dormir, ¿por qué se iban a la cama? ¿Era para leer? Con la cantidad de sillas y sillones en la casa, donde habrían podido descansar después de tomar un café y leer los periódicos o, en el caso de mi madre, una novela. Son dudas que aún tengo ahora, dado que nunca me acucoto en la sobremesa.

Solo uno de los adultos de la familia no se iba a descansar después de comer y se quedaba en el salón: el tío Peppinello, el hermano soltero de mi madre. Le gustaba pasar el tiempo conmigo y le pedía a la criada que dejara la bandeja con el café en la mesita. Era un ávido lector, hablaba cuatro idiomas y tenía respuesta para todas mis preguntas, ¡lo sabía todo! Me contaba historias de su vida y de su familia, me hablaba de los cuadros y de los objetos de la casa y, cuando estábamos en la casa de Agrigento, a veces me llevaba a las salas del «museo», como llamábamos a la sucesión de salones en los que estaban expuestas las antigüedades griegas de la familia Giudice.

Cuando el tío Peppinello se ofrecía a hacerme «la bolita de azúcar» yo siempre le decía que sí, entusiasmada. Dejaba caer una gota o dos de café en el azucarero, luego lo agitaba ligeramente, manteniendo el ritmo para que, gracias a esos pequeños movimientos, se formara una bola perfecta de azúcar y café. ¡Era un milagro! De vez en cuando también me permitía hacerlo a mí bajo su supervisión. Había que tener mucho cuidado: si sacudías demasiado, la bola se rompía en muchas bolitas diminutas que no se amalgamaban, imposibles de recoger con una cuchara de lo pequeñas que eran. En cambio, con el ritmo adecuado, la bolita se formaba compacta. Cuando lo conseguía me sentía muy orgullosa: era el triunfo de mis habilidades manuales, un pequeño bautizo en el arte de cocinar. Se lo llevaba con orgullo a mamá y a la tía Teresa, que descansaban juntas. Ellas me decían: «Bien hecho, pronto vendrás a preparar postres con nosotras».

La bolita de café fue mi iniciación a la vida adulta y representa la primera *cuntintizza* entre los postres.

El olor del café

Ya sea forzado por un despertador o un agradable regreso a los bastidores de la vida, ya sea el torbellino del día que cae sobre nosotros o la recuperada confianza en nuestros hábitos, una cosa es cierta: el despertar es un momento particular, o mejor dicho muy particular. Sus variantes son muchas, pero ninguna excluye a la otra. Vivimos a veces la serenidad y a veces la resignación de tener que dejar las sábanas para que pueda dar comienzo el día; vivimos la tristeza y la desilusión de encontrarnos en la claridad de la mañana, mientras se abre la incierta suerte de un largo día; y tal vez vivamos la energía y el optimismo (pero ¿quién nos lo da?) para el nuevo día.

Para mí solo hay una certeza en cada despertar: el olor del café.

Para recuperarme del entumecimiento, me lavo la cara con agua helada: quiero estar lista para servirme un buen café. A veces me muevo como una sonámbula, pero una sonámbula que sabe lo que quiere, que sabe abrir la cafetera, encontrar el polvillo marrón, llenar el filtro, enroscar las dos partes y esperar a que hierva. Por lo general estoy sola en la cocina y sola disfruto del momento, sentada en el extremo de la silla, con los ojos cerrados, el día que presiona sobre las persianas.

Siento curiosidad por las historias sobre el primer café del día. Simonetta, por ejemplo, si ha quedado del día anterior, lo calienta y se lo toma nada más levantarse, si no, lo prepara desde el principio, pero cuando está vestida y lista para salir.

El aroma del primer café del día es una inyección de buenos propósitos, es el único que consigue abrirme el camino hacia la existencia. A veces pienso que solo me haría falta respirarlo, pero sé que no es verdad. Cuando el primer sorbo toca los labios y llega al paladar me doy cuenta de que no hay nada más hermoso que podamos pedir al despertar, especialmente para aquellos a los que ese momento les cuesta.

El café es un ritual, por supuesto, pero no solo. Ese aroma viene de lejos, de una distancia tan mágica que ilumina las imágenes y las dispersa en el aire. Nada exótico, como cabría esperar, más bien un barrunto de caricias, una persecución de esencias que van todas a concentrarse en el círculo de la taza. Una taza que a veces sujeto con ambas palmas y que otras veces se queda ligera y preciosa enganchada del pulgar y del índice. Yo y mi café. Mi café y yo. No nos molestéis.

Lo bebo amargo porque me parece que el azúcar altera el sabor. En nuestra familia, la rama de la bisabuela Maria lo tomaba amargo, al igual que Simonetta y la mayoría de sus tíos y primos, entre ellos el tío Iero, gran admirador del café sin dulcificar. Mi padre, mi madre y mi hermano en cambio lo toman azucarado. Papá bebe azúcar con café, a decir verdad; creo que para él es preferible con mucho el sabor del azúcar al del café, y mi hermano ha salido a él.

Nos hallamos ante dos facciones: «azucarado» o «amargo». Yo sonrío, pero de cómo se bebe el café pueden captarse matices del alma que de otro modo se nos escaparían. Bueno, creo que no hace falta decir que desconfío de quién no toma café en absoluto: debe haber a la fuerza algo que no funciona en quien se priva de él, así, aunque sea irónicamente, entrego a estos sujetos a su infierno...

Simonetta prefiere la cafetera napolitana (que yo no he utilizado nunca), de hojalata liviana, que consta de dos recipientes comunicantes, con el café en el medio. Contado por ella, el procedimiento suena casi poético. Cuando el agua hierve dentro de uno de los dos compartimentos, se le da la vuelta a la cafetera sobre el hornillo apagado. El agua caliente cruza el depósito de café y poco a poco, gota a gota, va bajando al otro contenedor, el que tiene el pico, arrastrando consigo todos los aromas de la mezcla. La diferencia con respecto a la cafetera normal es que esta última es rápida, sale todo y de inmediato, mientras la napolitana es lenta, emana aroma y placer cada gota que cae. Dice Simonetta: «La cafetera napolitana es lo más sensual que conozco en la cocina». Repite a menudo que es una verdadera lástima que no haya après l'orgasme la machine à café en lugar del tradicional cigarro, demasiado ligado a hábitos masculinos.

Bendito sea el café, bendita sea la mañana que se abre con su aroma. Entre el dormir y el despertar, entre sueño y realidad, me gusta pensar en ese puente amable que, sea amargo o azucarado, nunca deja de ser dulce, y da con gracia la paz a los pensamientos.

Un vaso de vino siempre vacío

Papá era abstemio y mamá, que en cambio no lo era, decía que, en cualquier caso, prefería no beber vino sola. A pesar de que ninguno de los dos bebiera, en el carrito o en el aparador siempre había una botella de nuestro vino; y en la mesa, junto al vaso de agua, siempre estaba el de vino, que permanecía invariablemente vacío.

De niña no entendía por qué había que poner ese vaso en la mesa si no se usaba. Se lo preguntaba a mamá, pero su respuesta, siempre la misma, era vaga: «Así debe ser». De modo que decidí justificar la presencia de ese vaso descuidado: tenía que ser mío y estar lleno de agua. Cuando, como tenía por costumbre, después de comer me reunía con mis padres que todavía estaban en la mesa, fingía tener mucha sed. Uno de los dos echaba entonces agua en el vaso de vino y me lo ofrecía. La *cuntintizza* de ser considerada lo suficientemente madura como para poder beber de un vaso de mayores estimulaba mi vanidad, y me sentía de repente adulta.

Luego empecé a preguntarme qué pasaría con ese vaso si no se usaba. ¿Lo lavarían después de recoger? ¿Por qué lavarlo si estaba limpio? ¿O volvería a su lugar dentro del aparador para ser sacado de nuevo al día siguiente? Para saber la suerte que corría, decidí robar un poco de los colorantes alimentarios en polvo utilizados para preparar postres —verdes, rojos, amarillos— y poner una pizca en los vasos de vino de mis padres, sin que nadie se diera cuenta. Quería asegurarme de que se lavaban.

A Francesca, la criada de mi madre, sin embargo, no se le pasaba desapercibido mi truco, y antes de quitar la mesa se inclinaba sobre mí y me susurraba al oído: «*Tinta sei!*», hay que ver lo mala que eres.

LA CUNTINTIZZA VIENE MEJOR CUANDO UNO ESTÁ SOLO

Pero esa sensación es mía

Junto a los demás jugamos, reímos, discutimos, somos felices, sufrimos, lloramos, nos sentimos humillados, ofendidos y luego hacemos las paces. Todo lo que sucede no es predecible ni controlable.

La *cuntintizza*, en cambio, es algo que sucede en mí, esté donde esté y de las formas más insospechadas, a través de los vericuetos del pensamiento y de las emociones o a través de la evidencia de mundo que me rodea.

Puede suceder en cualquier lugar, puede durar todo el tiempo que yo quiera, repetirse o manifestarse una sola vez. Puede provenir del interior o del contacto con un objeto, con un rostro, con un lugar, con una visión, puede estar vinculado a un ser humano, a un animal o simplemente a un paisaje que se despliega ante mis ojos.

El caso es que esa sensación es mía, solo mía de principio a fin.

La *cuntintizza* se manifiesta bien y es duradera cuando estamos nosotras dos solas, sin la interferencia de otros, en secreto. Me cuesta sentirla cuando tengo trato con otros o a otros tengo que rendir cuentas.

La *cuntintizza* no puede compartirse, pero tampoco quiere ocultarse.

Me gusta caminar

Me gusta caminar, por la calle, en la ciudad, en el campo, en la playa y en la montaña. Al caminar nunca estamos solos, pues a nuestro alrededor hay todo un mundo por descubrir; y cuando nos cansamos de lo contingente, lo reemplazan los recuerdos y la perspectiva del futuro, todo suena posible y se colma de perspectivas.

Hay tanto que ver, al estar solos, y que pensar, cuando caminamos.

A los catorce años, obtuve unas excelentes calificaciones en el diploma de secundaria. Había ido al centro, para recoger los resultados, con Giuliana, nuestra niñera, y mi hermana, e inmediatamente después corrí a ver a mi abuela para darle la buena noticia. Por la calle me sentía ligera, transparente, como si me estuviera descomponiendo en minúsculas partículas que se elevaban en el aire. Miraba por debajo de mí los plátanos de viale della Libertà y a los transeúntes encogidos como hormigas, y me sentía rotundamente feliz.

En estos últimos años, el coronavirus me ha enseñado a no acercarme a nadie, por lo que he tomado por costumbre recorrer calles nunca antes transitadas, detenerme frente a tiendas en las que nunca me había fijado, cruzar parques y mirar las plantas como si fuera un explorador. Y la complejidad de ese cuadro se presenta ante mí, como si me hubiera estado esperando durante mucho tiempo; entonces acepto el reto, miro a mi alrededor, observo, pienso, medito, disfruto de la belleza de Londres, mi segunda ciudad.

Recientemente, dando un paseo, llegué desde la estación Victoria a Belgravia, una zona rica cerca de Sloane Square donde vivían mis suegros, llena de palacios y plazas con jardines privados. Un recorrido por el Londres de los últimos doscientos años.

Estaba convencida de conocer bien Belgravia, pero no era así. Basta con entrar en una calle secundaria, o cruzar una de las muchas *mews* para darse cuenta de que lo que en otros tiempos eran las callejuelas de servicio de los palacios donde se hallaban las viviendas del personal, los establos, cocheras e incluso pequeños recintos para las ovejas, un micromundo de confort, se han transformado en lugares de *entertainment*; hay incluso pubs muy elegantes. En su mayor parte, los edificios de las *mews* se han convertido en casas particulares y ya no dependen de los palacios para los que fueron construidos.

Mientras caminaba, pensaba en el Londres decimonónico de Charles Dickens, donde los ricos y los pobres convivían sin llegar a familiarizarse nunca. Hoy las *mews* han sido reformadas y acondicionadas para albergar a jóvenes brillantes y muy bien pagados que trabajan en la City, y que viven en los pisos altos de estos callejones, encantados con su vida de «pueblo» en el centro de la ciudad.

Nunca he querido vivir en las lujosas casas adosadas de Belgravia: cinco plantas, sin terraza ni jardín, enlucidas de blanco, con empinadas escaleras interiores que a mí, como siciliana perezosa, me parecen agotadoras, y en donde las habitaciones de los niños están en los pisos superiores, alejados de las de los padres. Los estrechos balcones de la fachada están siempre adornados con plantas ornamentales, ni una solo de uso culinario; ¡ni siquiera una maceta de romero o perejil!

Allí está todo pensado para causar una buena impresión y reafirmar ante el mundo lo ricos que son sus propietarios.

Qué felices son los ricos

La complacencia ante la propia riqueza es un sentimiento tan difundido como peligroso. Quienes se acostumbran a la riqueza y dependen de ella, siente una gran preocupación de que pueda disminuir e incluso desaparecer, no solo a causa de algún acontecimiento drástico como una guerra, una epidemia, sino también debido a los cambios sociales, al desplome de la bolsa. El propio progreso crea nuevas fuentes de riqueza y reseca las antiguas.

Quien es verdaderamente «feliz» no depende del bienestar del que disfruta.

El avaro es el emblema de la *scuntintizza*: teme constantemente perder lo que posee, mientras que el pródigo es incapaz de abstenerse de derrochar lo que posee.

Entre los destinos de los dos no sé cuál es el peor. En ambos está ausente esa especie de serenidad ensoñadora que, cuando aparece, nos hace más vivos.

San Simón

La *cuntintizza* del solitario sigue existiendo aún. Los ermitaños se encuentran en todas las religiones. El hecho de vivir solos, lejos de los demás seres humanos, no los hace infelices.

El mundo del eremita está aparentemente ajeno al contacto con otros seres humanos, y se contenta con una soledad profunda y reflexiva, pero basta observar con atención para darnos cuenta de que el ermitaño nunca está realmente «solo».

San Simón era un asceta de humildes orígenes, hijo de un pastor de Sis, en los alrededores de Antioquía. Vivió durante treinta y siete años sobre una pequeña plataforma en lo alto de una columna a treinta kilómetros de Alepo. La base de la columna aún es visible, entre las ruinas del enorme edificio y de la basílica construida en honor del santo después de su muerte, ocurrida en 459. El conjunto es muy original y característico por sus muros exteriores, aljibes y sótanos, y dejó de existir con la marcha de los cruzados. En Siria es el único ejemplo de monasterio de este tipo.

Durante más de cien años, fueron muchos los que siguieron el ejemplo de san Simón, y los llamaron estilitas.

Las razones por las que el santo había decidido retirarse al capitel de una columna, donde vivía desnudo a merced de la lluvia y del sol, más que en una ermita, aún se desconocen. Los testimonios que se conservan cuentan que el santo era muy amado y obraba milagros. Para comer, dejaba caer un cesto que los fieles llenaban, y luego lo subía. Se dice que tenía muchos seguidores y que los fieles lo interpelaban a menudo pidiendo consejos o intercesión divina.

El amigo que me servía de guía en Siria estaba convencido de que el santo disfrutó de una vida plena, pues a pesar de estar expuesto a la intemperie no se quejaba de su forma de vida, y la oración y los fieles le proporcionaban ese poquitín que necesitaba para sobrevivir.

Cuando estaba investigando para la novela *La monja y el capitán*, visité numerosos conventos y monasterios de clausura para formarme una idea más precisa de la vida que se lleva allí. En el pasado, muchas mujeres se vieron forzadas a la vida monástica, que le costaba a la familia menos que la dote matrimonial. Hoy, en cambio, las monjas de clausura lo son por decisión propia, a la que las familias suelen oponerse a menudo. Aquellas a las que conocí vivían y trabajaban con gran serenidad. Pude percibir en ellas, en el aire que los rodeaba, un aroma a *cuntintizza*.

Ver y dibujar

Tenía cinco años cuando obtuve permiso para alejarme de vez en cuando de la granja de Mosè, si bien no a más de cien metros de la puerta principal. En esas salidas me llevaba lápiz y papel para dibujar, pero nunca terminé un solo dibujo: había demasiado por ver, demasiado por hacer, demasiado por descubrir.

Observaba la corteza de los árboles en los que estaban clavadas las larvas de insectos, levantaba un trozo para observar a las hormigas obreras que subían y bajaban por el tronco, en fila, evitando cuidadosamente los gusanos enrollados sobre sí mismos para escapar de los picos de los pájaros. Los grillos parecían un ejército que protegía los árboles y a sus habitantes: saltaban aquí y allá, mirándome perplejos; luego, tranquilizados, se alejaban revoloteando.

Desde sus guaridas bajo los gruesos pies de los olivos milenarios, asomaban las cabezas puntiagudas de los lagartos. Como soy miope, solo los localizaba de cerca y me asustaban: parecían diminutos dinosaurios camuflados contra la corteza de los olivos y las plantas silvestres. Ya sabía que eran formidables depredadores y que tenía que respetarlos, porque, según decía mi padre, su lengua bífida estaba hecha a propósito para atrapar a las hormigas, que continuaban impertérritas una tras otra su recorrido sin tratar de salvarse de esa trampa pegajosa.

Me gustaba el canto de las cigarras y me encantaba oír el ruido leve de las ramitas ligeras que se desprendían solas de la rama principal, sin motivo aparente, y caían al suelo.

Me gustaba el soplido del viento, que hacía temblar las hojas de los olivos, mostrando los dos colores de las hojas, la parte inferior plateada y la superior, verde.

Me gustaba ver la liebre corriendo a lo lejos. Luego se detenía, nos mirábamos, de arriba abajo, y al final, en nuestras lenguas recíprocamente incomprensibles nos preguntábamos (estaba segura): «¿Quién eres?», «¿Qué estás haciendo?», «¿Por qué estás aquí?», «¿Has comido?». Tenía la impresión de que me entendía. Luego, la gran decepción: la liebre, de repente, daba un salto y desaparecía en la nada.

Me gustaban las mariposas de alas marrones y amarillas, que siempre revoloteaban en parejas, cortejándose tal vez, o tal vez fueran madre e hija, pero que nunca iban solas. Y hasta me gustaban los largos gusanos, pegados a las piedras de los muretes de piedra seca a los lados del caminillo, en busca de comida.

Observaba plantas y animales, escudriñaba sus formas, colores, oía cascos, gruñidos, ladridos, y ese mirar, ese dejarme abrumar por el lenguaje de la naturaleza hacía que no me sintiera sola. Todo era una fuente constante de sorpresas, y yo misma me dejaba sorprender, incapaz de anticipar lo que vería.

El camino de herradura

En la finca de Mosè también seguía la vida de los campesinos. Todas las mañanas los muchachos iban a lomos de las mulas hasta el abrevadero de Torre che Parla, la fuente de agua potable en la que saciaban su sed los animales domésticos —ovejas, burros, caballos y perros— y de la que se extraía el agua para la hacienda.

El suyo era un lento avanzar por la calzada construida por los antiguos romanos e intacta aún: a los lados había viejos muros de piedra seca y en la calzada dos filas de piedras planas sobre las que transitaban las ruedas de los carros; en el centro una franja de mantillo que en invierno se convertía en barro.

Yo estaba convencida de que esas rutas eran aún más antiguas, que eran las carreteras transitables de la griega Akragas, así me lo había dicho el tío Peppinello, en quien yo creía ciegamente, pues lo consideraba el miembro culto y sabio de la familia. Años después, su teoría quedó plenamente confirmada: hace unos cuarenta años, se descubrieron en nuestro olivar milenario, a tiro de piedra del manantial, una serie de tumbas griegas del siglo IV a.C. Hoy sus principales restos están expuestos en el Museo Arqueológico de Agrigento.

En lugar de alforjas, sobre los lomos de las mulas los campesinos apoyaban unos aros de hierro en los que se insertaban dos tinajas vacías que de regreso estarían llenos de agua potable del manantial.

Mientras los cascos de las mulas pasaban lentamente, el somnoliento mundo animal se espabilaba. Liebres y conejos, no temerosos ya, se asomaban por detrás de los troncos de los olivos y observaban la caravana con curiosidad, algunos incluso se acercaban, seguros de que no recibir perdigonadas, porque las mulas las conducían chiquillos de menos de catorce años que carecían de escopetas. El chico-guía montaba la primera mula de la fila, los demás preferían caminar al lado de su animal, para cortar verduras silvestres a lo largo de los bordes o, según la estación del año, recoger almendras, acerolos y granadas de los árboles cuyas ramas sobresalían en la carreterilla.

El camino flanqueaba los campos y luego cruzaba valle abajo el olivar milenario. A veces la caravana iba acompañada por los cánticos de los campesinos que trabajaban en las parcelas vecinas. Los chicos que iban «a por agua», por el contrario, no cantaban nunca: totalmente extasiados por lo que les rodeaba, se mostraban atentos a todo. Al pasar por debajo de las ramas de los acerolos —árboles autóctonos que producen pequeños frutos relucientes, redondos, de sabor dulzón, con tres pequeñas semillas en su interior—, los más altos se arrodillaban en la silla y levantaban los brazos para recoger los frutos con una sola mano, la otra firmemente en las riendas.

La caravana generaba su propia música: clop-clop, clop-clop sobre las piedras. En la bajada hacia la fuente el ritmo se aceleraba: clop-clop-clop-clop, clop-clop-clop-clop, clop-clop-clop-clop.

El abrevadero consistía en una serie de largos pilones de piedra de la que manaba el agua del manantial y que bordeaba la *trazzera*, uno de los cientos de caminos públicos entre tierras confinantes creados por los Borbones en toda Sicilia y también utilizados para la trashumancia.

Los niños llenaban los *bummuli*, las tinajas, de agua, con cuidado para evitar las omnipresentes sanguijuelas. Los perros los acompañaban; reanimados después de haber bebido abundantemente, se turnaban para ir relevándose en el camino de regreso, y llegaban a la finca antes que las mulas, refrenadas por los cántaros de agua.

De regreso, el clop-clop ralentizaba el paso; la carga pesaba, y las mulas estaban cansadas, al igual que sus amos. Y, sin embargo, de los rostros de los campesinos y de los hocicos de los perros emanaba un no sé qué de *cuntintizza*, que expresaba la satisfacción de haber trabajado bien, de ser parte integral de la finca y de no haber dejado que rebosara el agua de las tinajas.

La falta de agua potable, más que la de comida, conduce a una muerte rápida. Esas eran las caravanas de la vida, las caravanas de la *cuntintizza*.

Hoy, en nuestras tierras sigue estando la carreterilla, pero el abrevadero ha desaparecido. La *trazzera* se ha convertido en un enlace entre dos carreteras estatales, un largo rectilíneo por el que circulan los coches a toda velocidad. Pero cuando voy allí, recorro a pie una vez por lo menos el trayecto «a por agua» para recordar el pasado. Sin embargo, no lo hago a menudo. Hay un silencio que me inquieta. El camino está intacto, los muros de piedra seca a los lados de la *trazzera* necesitarían cuidados, pero aguantan los años; los olivos y almendros son exactamente los mismos que antes, excepto por la poda de los olivos, que los ha aclarado considerablemente para permitir la recolección mecanizada con el peine.

Ya no se escucha el clop-clop de los cascos de las mulas ni el paso lento y fatigoso de los asnos, tampoco el canto de los campesinos ni de los chicos. No hay perros ni liebres que vigilan (o si los hay, están escondidos). Esa comunión que había antes entre los hombres, los animales domésticos y salvajes, la tierra y el agua se ha terminado. Para siempre.

Los higos chumbos

Si pienso en la campiña siciliana, lo primero que me imagino son inmensas extensiones de trigo con las espigas que se doblan siguiendo la dirección del viento, parecidas a las olas del mar. Pienso en los fragantes campos de cítricos coloreados de naranja y amarillo, con plantas llenas de frutos ricos y pesados. Pienso en el verde brillante de las aceitunas que caen de los árboles sobrecargados en los olivares. Y cuando pienso en mis campos, además de todo esto, pienso también en el fruto que se ha convertido en cierto modo en el símbolo de nuestra tierra, el higo chumbo. Un auténtico vínculo que va mucho más allá de su valor emblemático. Junto a los cítricos y los olivos, constituye la imagen del campo siciliano.

El higo chumbo es una fruta que antes no se cultivaba. Cuando, hace unos treinta años, mi padre plantó en piano San Paolo, un anejo de San Basilio, las primeras pencas de chumberas, la suya era una idea innovadora respecto a los cultivos clásicos, y en esa zona empezó a dar de inmediato excelentes resultados. Puedo decir que tuve la suerte de observar de cerca todas las fases de aquella transición.

De hecho, anteriormente, la chumbera era una planta espontánea utilizada para delimitar las lindes de un terreno, o que crecía cerca de las ruinas y a lo largo de las costas de la isla. Lo indudable es que no había nadie que las cuidara o consumiera sus frutos. Más tarde, se empezaron a estudiar y a conocer sus sorprendentemente numerosos beneficios, hasta el punto de pensar en iniciar su cultivo.

La Opuntia ficus indica, *este es el nombre científico de nuestra querida chumbera, tiene orígenes que son todo menos sicilianos, y mucho menos indios, como el nombre podría llevar erróneamente a creer. Es una planta mexicana, considerada sagrada por los aztecas y cuyo nombre, «nopal», hace referencia precisamente a las hojas de la planta, las pencas (en azteca* nopal *significa hoja). A pesar de sus lejanos orígenes se ha adaptado muy bien en los suelos de matorral mediterráneo, en particular en los del este de Sicilia, que se han convertido en su segundo hogar. Este cactus recubierto de espinas solo es en apariencia hostil. Su curiosa forma lo hace realmente fascinante. Su característica estructura se genera arrojando al suelo un par de pencas que actúan como base de toda la planta; de estas brotan otras pencas que crecen generando a su vez otras nuevas, para construir una sólida estructura que se ramifica en un denso entrelazamiento. En la base quedan obviamente las pencas más viejas, mientras que según se sube se acumulan las pencas más jóvenes.*

Esta forma siempre me ha recordado a un abrazo. Una imagen acogedora, reconfortante y tranquilizadora con aroma a familia. Incrustados en esta «jaula» gruesa y segura de pencas espinosas se hallan, como gemas preciosas, los frutos, ricos en pulpa y con tres variantes de colores vivos: rojo rubí (el más deseado), amarillo dorado y luego el llamado «blanco», que es en realidad de un color verde claro. Sin embargo, cuando están en la planta, recubiertos de cáscara y espinas, es difícil entender cuál de los tres colores se esconde detrás. Una vez eliminada la funda exterior (lo cual no resulta muy fácil si se desconoce la técnica correcta), descubrir lo que hay debajo es una grata sorpresa. Verlos a los tres muy juntos, pelados y tentadores, es un placer para los ojos, un himno a la fantasía de la naturaleza y a la estación cálida.

En los tres diferentes tipos de fruta hay quien encuentra también una diferencia de sabor; yo me cuento entre estos. El rojo, que todo el mundo prefiere por ser estéticamente irresistible, es el que tiene el sabor menos rotundo, el amarillo tiene el sabor más intenso y el blanco, quizá el menos codiciado, es el más azucarado. Pero cada uno tiene su propia opinión al respecto.

La chumbera es también una planta sabia y ahorradora —acaso por su naturaleza de cactus, acostumbrada a adaptarse incluso en circunstancias extremas— que no se entrega al derroche. De esta planta, en efecto, no se desperdicia nada, incluso las pencas tienen su utilidad. Las jóvenes y tiernas pueden utilizarse en la cocina como ingrediente innovador, las más viejas y gruesas se les dan a las vacas, así como las cáscaras de los frutos.

Los higos chumbos son los frutos de los grandes atracones veraniegos, dado que entre finales de julio y finales de agosto es la época de los «agostini», que proceden de la primera floración y son de menor tamaño. Los tardíos o «bastardoni» son en cambio el resultado de la segunda floración, obtenida a través de un procedimiento llamado «scozzolatura»; la primera flor de la planta se elimina manualmente en favor de la segunda. Estos se encuentran desde finales de septiembre hasta casi diciembre, tienen más pulpa que los primeros y son, por lo tanto, las más deliciosos.

En nuestra familia, por el cumpleaños de mi padre, el 27 de julio, acostumbramos a concluir las celebraciones vespertinas con una pirámide de los primeros higos chumbos de la cosecha de temporada, que servimos helados. La montaña de frutas se coloca sobre un enorme plato de cerámica decorada de Caltagirone, el pueblo de nuestra campiña.

Coronando la pirámide se halla siempre, rigurosamente, un fruto color rojo rubí.

Palermo

Yo tenía trece años y estaba a punto de ir al instituto; mi familia se había mudado de Agrigento a Palermo, donde vivían el tío Giovanni y la tía Teresa, los hermanos mayores de mi madre. En la capital de la isla mi hermana Chiara y yo recibiríamos una educación más constante y mejor que la que se ofrecía en provincias, hasta llegar a la universidad. Yo estaba encantada; en Palermo fue donde nací y todos los inviernos pasábamos dos meses en casa de la tía Teresa y el tío Peppino, su marido, ocasión en la que me reunía también con mi primo Silvano, que tenía mi edad.

Hacía tiempo que quería acudir a la escuela pública en esa ciudad. Palermo es el ombligo del Mediterráneo: en los últimos dos mil setecientos años todos los pueblos marineros del Mediterráneo han pasado por allí, empezando por los fenicios, que la fundaron. Para mí, sigue siendo la ciudad más hermosa que conozco y, sin lugar a duda, donde mejor se come.

«Pero debe protegerse y conservarse bien», me decía mi padre, cuando íbamos a tomar un helado a la heladería Ilardo, en el Foro Itálico, que nosotros llamamos la Marina. Allí, entre la Cala y Acqua dei Corsari, se encuentra el primer puerto de Palermo, creado por los fenicios hace dos mil setecientos años. Junto a él, en el paseo marítimo, se hallaba la histórica alameda de los palermitanos bajo las murallas ciudadanas, desde el que podía disfrutarse de la vista del magnífico mar azul que baña la ciudad, del Monte Pellegrino a la izquierda y del Aspra a la derecha.

Sentados en el café Ilardo, saboreando un granizado de café con nata, papá me contaba que antes de la Segunda Guerra Mundial los palermitanos disfrutaban desde allí de la vista del azul profundo del Mediterráneo y del sonido de las olas del mar que se hacía añicos en las rocas. Pero la Marina ya no existe. «De nuestro mar no queda nada» decía. Y me explicaba que el Ayuntamiento de Palermo había acumulado en ese tramo de costa las ruinas del bombardeo de los aliados, con el resultado de alejar el mar nada menos que doscientos cuarenta pasos, los había contado él mismo, y los he contado yo recientemente. «Es un estrago cometido por quienes habrían debido proteger nuestra ciudad, y no desfigurarla, ofenderla y humillarla», decía papá. Yo estaba y estoy de acuerdo con él. Ahora árboles y arbustos crecen al azar en el llano. No hay ni siquiera un banco en el que sentarse. Por la noche abundan allí camellos, prostitutas e inmigrantes ilegales que intentan salir adelante. Por lo demás, la Marina está vacía y desierta. Y el mar ya no es visible. Una afrenta a mi ciudad.

Palermo era rica en agua dulce y potable, que bajaba desde las montañas y estaba canalizada hacia las torres del agua, un invento de la ingeniería fenicia que sobrevivió durante más de dos mil años. Cuando era pequeña, mi padre me indicó un día un muro de ladrillos desnudos, estrecho, alto y macizo, que parecía un torreón y flanqueaba una callejuela detrás del Teatro Massimo. Entre los ladrillos podían verse decenas de conductos de agua perpendiculares. Papá me explicó que por allí pasaba el agua dulce, que bajaba desde las montañas de los alrededores de Palermo para ser transportada luego a torres de las que los ciudadanos podían servirse directamente; como alternativa, previo pago, podían canalizar el agua hacia tuberías privadas para alimentar sus propios tanques o pozos.

En lugar de ser recolectada en tanques subterráneos, el agua se canalizaba hacia las torres, y cada tubo pertenecía a un grupo familiar. «A esas torres de agua las llamábamos *giarre*, tinajas» nos decía papá, «y cubrieron las necesidades hídricas de Palermo desde la época de los fenicios. Eran ellas las que abastecían del agua de las fuentes de la Conca d'Oro a la ciudad entre los siglos XVI y XVII. El "gran siglo del agua" lo llamaban, y había también numerosas fuentes. ¡El sistema funcionó hasta 1860, cuando llegaron los piamonteses!» añadía con un suspiro.

La historia y el éxito de las torres de agua y de las innumerables fuentes más tarde sigue enorgulleciéndome aún hoy. Así saciaba su sed mi maravillosa ciudad y se entretenía. Me gusta pensar en el agua que bajaba desde las montañas a la llanura, para subir desde allí por los conductos insertados en la torre hasta alcanzar el nivel del acuífero del que procedía, yendo a saciar la sed de todos los palermitanos, ricos y pobres, permitiéndoles cocinar, lavarse, cultivar un huerto, crear una fuente. Sin olvidar que, gracias a las torres de agua, toda la Conca d'Oro, como se llamaba a la llanura de Palermo, era por entero un jardín de limones y naranjas regados con agua de las montañas.

Cada vez que vuelvo a Palermo paso a saludar estas torres. Son numerosas —todas en el viejo Palermo y en la llanura— y no resultan fácilmente identificables para aquellos que no las conocen.

Al este, al final de via Maqueda, se encuentran las murallas fenicias. Me gusta pensar que durante más de dos mil quinientos años los palermitanos mantuvieron con vida este sistema de irrigación. Me gusta pensar especialmente que, gracias a estas torres de agua, hasta los pobres de la ciudad podían tener agua limpia y potable, y me inclino ante la intuición e inteligencia de los creadores de estas ingeniosas construcciones.

Sé que ahora pueden visitarse las rutas subterráneas en las que se han encauzado los ríos de la Conca d'Oro. No las he visto aún y por el momento no quiero verlas: esta es la *cuntintizza* que quiero reservarme como última, la tesela final del mosaico de mi ciudad; no estoy lista todavía por esta experiencia.

Parte de la *cuntintizza* es saber que nos quedan otras muchas experiencias por vivir, mucho más por ver y conocer. Me corresponde a mí ir a descubrirlas, me corresponde a mí decidir cuándo disfrutarlas. Este deseo de procrastinar, de dosificar, tiene orígenes lejanos. Se remonta a cuando, de niña, me repetían a menudo la frase «Ver Nápoles y luego morir», atribuyéndola a Goethe, que desde entonces me ha sonado lúgubre. Goethe visitó durante mucho tiempo Palermo, pero evidentemente no la apreciaba tanto como Nápoles.

Los que ven Palermo, los que lo conocen bien y la aprecian nunca se atreverían a decir «Ver Palermo y luego morir», sino que se agarrarían desesperadamente a la primera piedra, al primer muro, a la primera escalinata, aterrándose a ella precisamente para no morir. Yo diría: «Ver Palermo y luego disfrutar».

Cambridge

Tenía diecisiete años y estaba en Cambridge para aprender inglés. En mi tiempo libre, para complementar lo que me daban mis padres, trabajaba como planchadora para una señora inglesa; recibía cinco chelines la hora. El momento en que recibí mi primera paga ha quedado imborrable en mi memoria: ¡así que mi trabajo estaba retribuido! Por pequeño que fuera, no dejaba de ser una contribución a mi supervivencia. Fue entonces cuando me convencí de que un trabajo siempre me daría dignidad y *cuntintizza*, y que siempre podría contar conmigo misma. Escribí a papá al respecto; su respuesta fue corta como siempre, pero clara: «¡Te felicito!». Mi padre nunca me había felicitado hasta entonces.

Las madres

Las mujeres que trabajan y crían una familia corren el riesgo de olvidar aquello que puede contribuir a su satisfacción íntima, a su felicidad. Y es curioso, porque son precisamente las mujeres las más capaces de crear las condiciones para una verdadera y profunda intimidad consigo mismas y, por lo tanto, para acceder a las fuentes más antiguas de *cuntintizza*. Son condiciones que debemos cultivar constantemente, para poder disfrutarlas en plenitud, y para conservar su memoria y activarla cuando más se necesita.

Las madres se ven excluidas a menudo de ella, y pese a ser conscientes de la auténtica dicha que su cuerpo sabe crear, para ellas y para quienes han engendrado, anteponen el bien de sus hijos a sí mismas.

Todos necesitamos aislarnos de los demás, aunque sea brevemente. Por más que la maternidad sea prioritaria, ello no impide en sí mismo la búsqueda de otras formas de alegría y plenitud que son alimento para el espíritu, refrigerio duradero, premisa del sereno abandono a una misma. Las madres que preservan por lo menos alguna de sus *cuntintizze* son generalmente más equilibradas que aquellas que han renunciado a ellas del todo para dedicarse por completo a sus hijos; estas, cuando sus hijos han crecido, se dejan arrastrar al chantaje moral y a las quejas porque, habiéndose vuelto muy posesivas con el tiempo, acaban sintiéndose «desatendidas».

PERSONAS

Frankie Hornby a los tres
y a los dieciocho años

El domingo 11 de julio de 2021 fue un día de especial *cuntintizza* para mí: recibí de mi hijo Giorgio las notas y un excelente comentario final del director del Dulwich College, la escuela privada donde mi nieto Frankie acababa de terminar la escuela secundaria. Iría a la universidad en septiembre. Frankie nunca ha sido el más estudioso de mis nietos, aunque sí el más cariñoso conmigo. Confieso que no me esperaba una valoración tan positiva y aguda, y casi me emocioné al leer los espléndidos comentarios de los profesores.

De Frankie recuerdo que cuando tenía tres años, me preguntó una vez: «Abuela, *do you like cuddles?*». Me quedé perpleja al oír que me preguntaba si me gustaban los mimos, y él se sintió obligado a explicarme el motivo de su pregunta: «*I'm full of cuddles and there are many people who would like cuddles from me*», estoy lleno de abrazos y ¡hay mucha gente que me los pide! Y luego fue más allá, ofreciéndome uno: «Abuela, *do you want a cuddle from me?*». Antes de que pudiera contestarle, Frankie había lanzado los brazos alrededor del cuello en un fuerte abrazo, y luego había reclinado su cabeza entre cuello y hombro, con los ojos cerrados, sus manos temblorosas en mi espalda, su corazón que latía con fuerza. No me dio un beso (como yo esperaba) ni me atreví a hacerlo. Le bastó con ese contacto para sentirse feliz. Fue su momento de *cuntintizza*, mejor dicho, el nuestro. Permanecimos así, abrazados el uno al otro. Luego las manos de Frankie se apartaron de mí y se acurrucó sobre mis rodillas: era mi turno y lo rodeé con mis brazos. Después de unos minutos, tuvo suficiente, se deslizó de mis piernas para reunirse con sus primos que jugaban juntos, no sin antes decirme rápidamente: «*I feel better, nonna, thank you*», «Me siento mejor, abuela, gracias».

Fue un raro momento de *cuntintizza* compartida, que nunca olvidaré.

Los padres de Darshana en Mosè

El monacato, que yo creía estrictamente católico, existe en todos los países y en todas las religiones. Y con muchas modalidades. Los monasterios del jainismo, la religión más individualista y profunda que conozco, aceptan mujeres casadas. La madre de mi amiga Amina accedió a casarse por obediencia a sus padres —comerciantes indios que tenían una sucursal en la City de Londres—, pero con la condición de que, cuando su hijo menor cumpliera la mayoría de edad, pudiera irse de Londres a un convento jainista en Rayastán. Y así sucedió.

Amina va a visitarla todos los años. La madre, como todos los monjes jainistas, no usa vestidos, pasa la escoba por el suelo antes de caminar sobre él para no hacer daño a las hormigas ni a ningún animalito de los que allí pululan y vive feliz en silencio y oración. La hija aprueba la decisión de su madre y nunca ha sufrido por su ausencia porque desde que nació siempre supo que así acabaría ocurriendo.

La religión jainista es muy antigua, totalmente respetuosa con la naturaleza, y como en el jainismo está prohibido comer cualquier cosa que pueda reproducirse, la alimentación aceptada es pobre en ingredientes. Quedan excluidas la carne y el pescado, así como la leche —permitida solo para alimentar a los más pequeños— y las plantas o frutos que puedan procrear. Se come lo que «cae», como una pera, que no daña la planta, o aquello que, una vez extraído de una planta, no la destruye, como las hojas exteriores de la lechuga, que pueden quitarse sin que afecte a la supervivencia de la planta. Quedan excluidos el ajo, las patatas y las cebollas. Para dar sabor a su comida, los jainistas recurren a las raíces secas de jengibre. A pesar de esto, la cocina jainista es sabrosa, aunque limitada, y las familias jainistas son modernas, cultas y felices.

Hace años, los padres de mi gran amiga Darshana Bhogilal fueron huéspedes míos en Mosè. Dado que los Bhogilal también son jainistas, nos afanamos todos en casa para preparar un menú sabroso siguiendo las prescripciones de su credo. Era Semana Santa y un amigo nos había regalado una oveja de *pasta reale* rellena de pistacho y azúcar, una receta típica de un convento de Favara, el pueblo de mi familia materna. Así que le propuse a mi madre sacarla a la mesa al final de la comida. Ella no estaba convencida de que esa ovejita fuera de su agrado, pero yo la tranquilicé: «Si solo está hecha de almendras, pistachos y azúcar, cosas todas que los jainistas pueden comer». Ella murmuró: «No deja de ser una oveja...», pero no le hice caso.

El almuerzo fue un gran éxito hasta que salí de la cocina con una bandeja de plata con la ovejita de Favara recubierta con una capa blanca de glaseado y decorada con flores de *pasta reale* de colores. Mientras le explicaba el origen religioso del pastel y daba nombres de los ingredientes, mamá me miraba ansiosa, mandándome un mensaje silencioso: «Tal vez no les apetezca», pero yo no presté atención y dejé la bandeja junto a la señora Bhogilal.

Estaba a punto de cortar la primera porción de la oveja de Pascua por la parte posterior, para dejar la cabeza intacta. Me volví hacia la mujer para preguntarle cuánto quería, pero se había desmayado, con las piernas *sdivacate*, separadas y el torso desplomado sobre el respaldo de la silla.

Como siempre mi madre tenía razón, y mi deseo de compartir la *cuntintizza* para saborear aquel exquisito postre había sido inoportuno y zafio.

Es difícil compartir la *cuntintizza*, así como es difícil explicarla, cuando se trata de culturas y religiones diferentes. Hay que tener mucho cuidado. Dicho esto, en los años siguientes le llevé varias veces figuritas de mazapán a la señora Bhogilal, a quien le gustaban muchísimo.

Concetta Rundo de Troina

En enero de este año estuve en la librería Città Aperta de Concetta Rundo, la única que hay en Troina, un pueblo encaramado a su montaña, en los montes Nebrodi. La librería, muy ordenada, era luminosa y acogedora, con montones de volúmenes por todas partes, amueblada con sillas, muebles, mesas hechas con materiales reciclados. Las calles y escalinatas de la localidad estaban impecables, la gente parecía relajada y serena. Ni siquiera me daba la impresión de estar en Sicilia, tenía curiosidad por saber cómo era posible que un pueblecito como Troina fuera tan limpio y apacible, en comparación con los otros centros habituales de la isla.

Concetta me explicó que todo tenía una matriz única: la presencia y el ejemplo del Istituto Oasi Maria Santissima de Troina, una obra, más que un centro, promovido hace sesenta años por el padre Luigi Orazio Ferlauto, «un jovencísimo sacerdote de pueblo», hombre de gran carisma y promotor de proyectos utópicos.

Es imposible no considerar una auténtica utopía una obra solidaria que empezó acogiendo en una minúscula casa alquilada a personas discapacitadas y a «hijos de los que avergonzarse», y acabó siendo reconocida como centro de excelencia e Instituto de Hospitalización y Atención de Carácter Científico (IRCCS) por la OMS, la Organización Mundial de la Salud.

«El padre Ferlauto», leemos en los archivos que atestiguan la obra del carismático sacerdote, «quedó muy afectado por las condiciones de los discapacitados mentales del pueblo y, entre 1953 y 1955, consiguió reunir a su alrededor a un audaz grupo de voluntarias ordenadas, con el objetivo de crear un Santuario de la Bondad y una Casa para discapacitados en Sicilia».

Con justificado orgullo, Concetta me contó que en 1996 se acordó la colaboración entre la OMS y el instituto, en calidad de Collaborating Center for Research and Training en Neurociencia, y que a finales del siglo pasado se estableció en Pekín (distrito de Shunyi), mediante un convenio con el Departamento de Cooperación Internacional del Ministerio de Sanidad de la República Popular China, la Fundación COCE (China Oasi Center for Epilepsy) para el tratamiento e investigación en el campo de la epilepsia.

«El padre Ferlauto», continuó Concetta, «nos dejó una gran y noble verdad: somos diferentes según nuestras capacidades, por lo tanto, los más fuertes deben hacerse cargo de los más débiles: en eso consiste el ser solidario. Este concepto se resume bien en una frase que el sacerdote no se cansaba de repetir y que quiso colocar en los muros de entrada del instituto: "Todos somos dignos de amor". Y eso es verdaderamente lo que se trasluce en los gestos de quienes, por la razón que sea, llevan a cabo día a día esta admirable obra que es el Oasi, donde el individuo más débil está en el centro del todo, reconociéndole sus necesidades especiales y atendiéndole de acuerdo con estas, siguiendo criterios sociosanitarios abiertos, capaces de generar solidaridad».

«Una posibilidad de redención de la indiferencia», prosigue Concetta, «fue el legado que nos dejó el padre Ferlauto. Una posibilidad que coincide con su mayor proyecto/utopía que tomó forma hace más de veinte años: el nacimiento de una "Ciudad Abierta", de ahí el nombre de mi librería», insiste en recalcar Concetta, «donde fuertes y débiles puedan coexistir y compartir, y ser al mismo tiempo suelo y fruto».

Al padre Ferlauto le encantaba explicar su misión y su trabajo con algunas frases que utilizaba casi como eslóganes. Concetta quiso mencionarme algunas de ellas, quizá las fundamentales: «La gloria, para Dios; lo útil, para mi prójimo; el trabajo, para mí»; «Amar a los débiles y enfermos mentales como nos gustaría ser amados y, si es posible, amarlos aún más que a nosotros mismos»; «Amar a los débiles sin preferencias»; «Amar a cualquiera que llame a nuestro corazón». Y mientras ella hablaba, una *cuntintizza* leve pero inolvidable descendió sobre mí.

Cuando ya me iba, Concetta quiso despedirse con estas palabras: «Debemos acoger a los seres humanos uno por uno. A todos. Y no solo a los menos hábiles. Ponernos a disposición de los demás como nos gustaría que los demás hicieran con nosotros».

¡Qué grandes palabras, qué gran persona, qué gran librera Concetta Rundo!

El hada de los vestidos

*Hay personas que nos hacen sentir bien porque han sabido regalar-
nos sensaciones hermosas y profundas.*

*Entre los recuerdos de mi infancia hay un taller o, mejor dicho,
un pequeño taller. Feliz y dando saltitos, iba con mi madre al entresuelo de un piso que se extendía por unos pocos metros cuadrados: un vestíbulo, algunas habitaciones repletas, pero lo que se dice
repletas de telas, encajes, botones y cintas. Y en esas habitaciones
mis sueños se hacían realidad.*

*Allí se confeccionaban vestidos de punto smock y todo tipo de
prendas para adultos: muchos vestidos de mamá se hacían en ese
lugar. Piezas únicas cosidas a medida de quien las encargaba.*

*Mi madre me llevaba allí por lo menos dos veces al año: una
cuando se acercaba mi cumpleaños, en abril, y la otra en febrero, con
motivo del carnaval. Dos momentos importantes y rebosantes de alegría, porque eran dos ocasiones de celebración. Íbamos a pie, mamá
y yo, ya que el taller no quedaba lejos de casa. Pasábamos por un
enorme portal, subíamos al entrepiso del edificio y llamábamos a la
puerta, que solo se abría al cabo de un rato, permitiendo entrever de
inmediato el misterio que allí se celaba.*

*La dueña salía a recibirnos, y con su sonrisa educada y compla-
ciente nos invitaba a entrar. Era una persona delicada, reservada,
evitaba las luces cegadoras de la buena sociedad y rehuía la popula-
ridad: así le gustaba vivir.*

*En su taller no existía el tiempo, y todo lo que una soñaba
podía hacerse allí realidad. Igual que en los cuentos de hadas. No*

es que tuviera una auténtica varita mágica, pero sí aguja, hilo y una máquina de coser, instrumentos todos ellos que tenían en sus manos el mismo poder que la legendaria varita. No puedo evitar pensar que, además de ser una gran modista, también era realmente un poco maga, porque sabía cómo hacer reales y palpables todos mis deseos. Tenía los ojos de quien sabe ir más allá de la mera y tosca consistencia de las cosas: vivía —así quiero creerlo— en una dimensión mejor, la de la imaginación, la de los sueños.

Había montones de telas, retazos de encaje, tules, cortes de mil colores, todo mezclado y amontonado en un revoltijo encantado en el que solo ella, el hada de los vestidos, sabía y podía meter la mano. Aquella aparente confusión era testimonio de una verdad: para ella era fundamental dar aire a las telas dobladas y ordenadas en los estantes, dejarlas volar y observar cómo caían, mezclándose acaso por accidente, para crear un inédito entramado, un castillo, un bosque de telas. Solo así cobrarían vida esos paños, antes de transformarse en vestidos.

En ese taller coser no era un trabajo, era arte, era puro amor. Y esos vestidos hablaban de amor. Una pasión, la de la costura, que le había nacido a mi hada desde niña, cuando, sentada junto a las costureras que acudían a su casa para remendar y confeccionar la ropa de toda la familia, observaba cada movimiento sin perder un solo detalle. Luego, por su cuenta, con los retazos que sobraban, había creado sus primeros, diminutos vestiditos. A menudo, era la cantidad de tela disponible la que dictaba el tamaño del vestido. Cuanta menos tela había, más pequeño era el vestido, o a veces era la muñeca de trapo que había que vestir, la destinataria de esa ropa, la que se hacía más pequeña. La habilidad residía en hacer el vestido imaginado con lo que tenía a disposición.

Cuando entraba en su taller me sentía como la protagonista de un cuento de hadas que cambiaba una y otra vez, renovándose. Me quedaba allí, suspendida en el aire, en medio del caos de encajes, telas y encajes apilados, entre fieltros de lana y paños lenci muy suaves de todos los colores. Y mi favorito, como siempre, era el rosa.

Allí dentro había un olor que no podía asociar con ningún otro lugar. Mi hada de la Cenicienta rebuscaba como solo ella sabía hacer en ese caos y lograba extraer un vestido perfecto, bien cosido, pulcro, exactamente igual a como yo lo había imaginado.

También me encantaba el hecho de que, cuando llegaba mi turno, mamá me presentaba, pero luego el hada de la ropa se dirigía directamente a mí, para saber y comprender cuáles eran mis deseos. Sentía que me consideraba como una adulta cuando me preguntaba cómo quería que fuera mi vestido. Éramos importantes la una para la otra. Detrás de esos ojos cerúleos que me escuchaban atentamente, intuía que en su mente ya iba tomando forma el vestido, palabra tras palabra, costura tras costura.

El vestido de carnaval, que cada año era diferente, la llevaba al máximo de su creatividad. A los ocho años me vistió de Primavera, inspirándose en la maravillosa criatura de Botticelli. Sobre la ligereza del vestido de liviana organza rosa claro-melocotón, que me llegaba hasta los pies, cosió uno a uno los capullos de rosas falsas, pero tan bonitas que parecían reales. Otro vestido de carnaval fue el de amapola, una de mis flores favoritas: una faldita con pétalos rojos de tela, una simple malla negra a modo de corpiño y en la cabeza un círculo de pétalos más pequeños.

Dejé de vestirme ahí de adolescente cuando empecé a preferir vaqueros y camisetas, pero por mis dieciocho años mi mamá me llevó de nuevo allí. Queríamos que fuera ella quien se encargara de mi vestido. Elegimos el azul medianoche, hecho de gasa de seda: el vestido consistía en una falda amplia, transpirable gracias al tul subyacente, que ocultaba mis pies y flotaba con cada paso, muy suave. Encima llevaba un corpiño trabajado con fina pedrería, azul también, pero más claro, y unas pequeñas bocamangas que apenas me cubrían el húmero. Era exactamente el vestido que quería, y ponérmelo para mi decimoctavo cumpleaños fue muy emocionante. Sentí *la misma alegría que vivía de niña, quizá porque en el fondo era una niña en manos de mi hada.*

Después de la fiesta, como le prometí, le llevé una foto mía, que desde entonces está en el álbum que recoge todas sus maravillosas creaciones. Fue un honor para mí.

En un armario del entresuelo todavía tengo todos esos vestidos colgados, algunos guardados en celofán, otras doblados y metidos en un baúl. Le estoy muy agradecida porque además de los maravillosos vestidos, además del privilegio de «construirlos» en cierto modo juntas, el tiempo que pasé con ella me hizo sentir que, si crees firmemente en ello, «el sueño se convierte en realidad». Al fin y al cabo, yo también soy una irremediable soñadora.

Sigo teniendo mucha admiración por su trabajo hoy día, y cuando me tropiezo con ella nada ha cambiado para mí, sigue siendo la misma figura mágica que me hechizaba de niña. Esa mirada y esa voz delicada y suave me transportan allá donde todo es posible.

Tía Teresa borracha de niña

Además de la comida, los productos del campo que llegaban a casa incluían el vino, que era un ingrediente importante en nuestra cocina. En Sicilia estaba en todas las mesas, las de los ricos y las de los pobres, y por eso también el personal de servicio tenía el suyo. Se decía que el vino de Mosè era fuerte y en nuestra casa se usaba para cocinar: los escalopines que por lo general se acompañaban con Marsala también eran excelentes con el vino de Mosè.

El vino estaba presente en todas las mesas y, por lo tanto, en la nuestra también. La abuela Maria recibía un par de barriles cada vez de la bodega y hacía que su contenido se trasvasara de inmediato en botellas.

La tía Teresa, que entonces era una niña, estaba encantada de ayudar: su trabajo consistía en coger las botellas vacías y dárselas al dependiente que, sentado junto al barril, las llenaba. Luego llevaba una a una las botellas al cillero, donde una criada la esperaba para ponerles el corcho y volver a colocarlas en los estantes.

Una vez, tendría unos seis años, Teresa, curiosa, quiso probar un poco de vino. Le gustó tanto que tomaba un sorbo o dos en cada trayecto. Luego empezó a ir más despacio, caminando insegura sobre sus pasos y sonriendo. Las criadas no dijeron nada, ya que mi abuela no estaba presente. De repente, dejó de vérsela. Las mujeres la buscaron, pero ella no contestaba. Hubo momentos de pánico, hasta que la encontraron en la terraza, perfectamente sentada, pero en el suelo, con las piernas rectas, la falda cuidadosamente estirada por debajo de las rodillas. Teresa observaba el panorama de los templos de Agrigento y se reía muy alegre: estaba completamente borracha.

Mamá, a quien le contaron esta historia, decía que su hermana recordaba ese día perfectamente, con una punzada de vergüenza y muchas risas. A partir de entonces, ninguno de los niños de la casa volvió a ayudar con el trasvase del vino. En cambio, nosotros ayudábamos a nuestra madre a trasvasar el aceite de oliva.

Una pelirroja en la familia

En la familia Giudice se decía que, desde tiempos inmemoriales, en cada generación de la familia nacía una niña pelirroja que, a pesar del proverbio «*pilu rosso malo pilu*», según el cual quienes tenían el pelo rojo eran personas de mal carácter, era muy bien acogida. De hecho, mi madre y mi tía Teresa aseguraban que el dicho no tenía nada de cierto: personas de mal carácter ya teníamos bastantes en la familia, ¡pero con el pelo negro, castaño y hasta blanco!

Yo albergaba muchos deseos de tener una hija pelirroja. Esperanza que se volvió casi una certeza cuando supe por mi prometido que su padre, que estaba totalmente calvo cuando lo conocí, era pelirrojo de joven. Por desgracia, ninguno de nuestros hijos y nietos es pelirrojo, a pesar de que Elena, la primera nieta que lleva el nombre de su bisabuela, tiene una maravillosa melena de color castaño rojizo.

Fue mi primo Silvano quien mantuvo la tradición, no sin la ayuda de su mujer. Juntos trajeron al mundo a Costanza, que ahora escribe conmigo sobre *cuntintizza* y fue ella misma, con su hermosa cabellera rizada, tupida y rojo fuego, una pequeña prueba de la belleza de la vida. Cuando la vi, *nica nica*, tan chiquirritina, de piel muy blanca, con ojos claros y grandes, facciones perfectas y muchos rizos rojos, me enamoré de ella a primera vista. Un momento importante de *cuntintizza* para mí, madre de dos hijos de pelo negro.

LA CASA SECRETA

Armarios y cajas

Como si estuvieran congeladas en la eternidad de un espejo, ahí están, las veo: la abuela Teresa y su hermana Elena «arreglándose». Llevan en el cuello el inevitable collar de perlas, de longitud media, colocado en el twin set, conjunto de dos piezas de cachemir que la abuela Teresa compraba en Londres a mediados de los años sesenta, cuando aún no se encontraban en Sicilia. Después de cada viaje, la abuela Teresa volvía con una maleta llena de telas florales de algodón compradas en Liberty, la famosa tienda londinense, que luego se convertían, gracias a sus manos, en mis vestidos de punto smock.

De mi abuela y de mi madre aprendí, con una pizca de vanidad, el amor por la ropa. Uno de mis juegos favoritos era subir al entresuelo y abrir armarios y cajas viejas en las que se guardaban vestidos, complementos, bisutería y zapatos. Hundía mis manos en toda esa riqueza polvorienta que olía a cerrado, a abandonado, me ponía todo lo que podía y, sin que nadie me viera, deambulaba por la casa. Me pavoneaba llena de lazos, encajes y abalorios. Me entretenía viendo mi imagen toda acicalada y el reflejo de mi pelo rojo en el cristal de las ventanas. Era feliz.

Nunca dejaba de combinar colores, de cambiar accesorios, de construir sobre mi cuerpo de chiquilla la mujer que aún no era, pero que en realidad comenzaba a asomar entre esas telas, tafetanes, sedas y organzas. Entraba en esos vestidos y el resultado era en cada ocasión diferente, y lo más importante era que me aceptaba, me gustaba, dejaba de ser prisionera del color rojo de mi cabello, de la abundancia de mis pecas que me hacían sentir diferente, tan alejada de la normalidad.

En Palermo no se veía gente pelirroja. Si acaso, podías tropezarte con algún turista, alguien que venía de lugares donde las pecas eran más que comunes. Aquí no. Era difícil entonces tener rasgos que no pasaban desapercibidos, y de los que tal vez alguien se permitiera incluso apiadarse. No había cultura de lo diferente.

La niñera nos llevaba todos los días a mi hermano Giuseppe y a mí a jugar al Jardín Inglés, un espacio verde no lejos de casa y lugar de encuentro de los niños en uno de los barrios más elegantes de Palermo. Giuseppe y mis amiguitas del parque tenían un pelo castaño de lo más normal o, como mucho, tirando al rubio. Los otros niños, perfectos ejemplos de «normalidad», se fijaban de inmediato en mi pelo y en mis pecas, y muchas veces me señalaban con el dedo preguntando en voz alta, como si yo no estuviera: «Mamá, mamá, ¿por qué esa niña tiene todos esos puntitos en la cara? ¿Por qué tiene el pelo de ese color?». Se me encogía el corazón cada vez que pasaba, y soñaba con ser como todos los demás.

Para ser completamente sincera, la tristeza que sentía en ese momento se me pasaba enseguida. Conzarmi, arreglarme, era a esa edad mi forma personal de reaccionar y aprender poco a poco a aceptarme. Mi madre me consolaba (o lo intentaba a su manera): «Amor mío, algún día lo que tanto te desespera será tu punto fuerte». Me era imposible creerle en esos momentos, pero el paso de los años le ha dado proféticamente la razón.

Una vez que me volví más consciente, resultaba casi divertido desfilar audazmente frente a esos niños tan curiosos, casi desafiándolos, sonriendo para mis adentros, esperando el momento en que me vieran. Pasando una y otra vez acababa por atraer sus miradas hasta que sucumbían a la curiosidad de preguntar. En ese momento, divertida, me alejaba, y probablemente esa sonrisa antes escondida me brotaba en los labios.

En todo caso, me quedaban esos armarios, esas cajas. Ahí dentro había una mujer, mejor dicho, había muchas mujeres, todas las mujeres que podía llegar a ser, una por collar, una por sombrero, una por blusa. No importaba que las faldas me llegaran hasta los pies. Esas telas me hablaban de otra edad, de otra época, de la época en la que ser adulto acaba con los miedos y la timidez. Es obvio que no es el caso: ningún vestido puede hacerlo, pero en los cuentos de hadas sí, e incluso Cenicienta se siente orgullosa del vestido que su hada madrina le ha creado para el baile.

Afortunadamente, hoy muchas cosas han cambiado y la belleza de lo diferente está ampliamente reconocida: la gente admira lo que en otros tiempos despreciaba. Puedo ser testigo de primera mano, yo que en el transcurso de mi vida he acumulado toda una cultura de leyendas sobre los pelirrojos. Nunca pensé que algún día mi melena y todos esos «puntitos» en mi piel me darían motivos para sentirme «Una» (así me lo enseñó mi madre) y segura de mí misma. Soñaba con ser como los demás, hoy disfruto del escalofrío de sentirme diferente.

Los gatitos

Vivo en Londres desde hace más de medio siglo, pero voy a menudo a Palermo, echo de menos mi isla y la familia siciliana. Tengo muchas ganas de ver a mis primos y a sus hijos, y siempre ha sido así.

Cuando Costanza y su hermano Giuseppe eran pequeños y aún no iban al colegio, mi madre vivía en un edificio que se levantaba frente al que habitaba mi tía Teresa (y abuela de Costanza), situado en el primer piso, al mismo nivel que la terraza de su vivienda. Una escalera inclinada daba acceso desde la terraza al balcón, era como un pasadizo secreto. Las dos hermanas, Teresa y Elena, pasaban casi todo el tiempo juntas, subiendo y bajando esas escaleras constantemente.

Me gustaba la dignidad de Costanza, desde que era pequeña y estaba en el último año del jardín de infancia: yo tenía entonces treinta y cinco años, y ella, tan pequeñita, venía a ver a su tía Elena y se comportaba como la niña mejor educada del mundo: *tisa tisa,* muy tiesa, siempre dispuesta a dar las gracias, a dejar pasar a los demás, con la certeza de obtener al final su merecido premio: jugar con la gata, nuestra prolífica Minina, que cada año paría camadas de gatitos, uno más bonito que el otro. Recuerdo el tictac de sus pasos y los de su hermano Giuseppe —más joven que ella, pero ya por entonces más alto— por la escalera; después los veía parados detrás del ventanal del balcón, con sus naricitas casi pegadas al cristal, tratando de divisar a los gatos.

Cuando pasaba Pina Parrucca, nuestra ruda criada, retrocedían, temerosos de que los echara. Luego volvían a la carga, con la nariz pegada al cristal, los ojos ansiosos. Cuando mi madre —para ellos, la tía Elena— los veía desde el pasillo, corría inmediatamente a abrir la puerta, encantada de verlos, y se los llevaba a la sala de estar, donde tejía y donde estaba Minina y la caja de los cachorros. Los niños, apasionados, curiosos, delicados y muy tímidos, no se atrevían a tocar, a acariciar, había que animarlos. Y así lo hacíamos: les poníamos a cada uno un gatito en los brazos. Era conmovedor observar la perfecta armonía de aquellas cuatro criaturas. Cuando llegaba el momento de irse a casa, Costanza y Giuseppe los colocaban en la cesta con una delicadeza conmovedora; se iban tras despedirse y darnos las gracias a los adultos, con la mirada fija en la cesta de los gatitos que, ingratos, los ignoraban descaradamente.

Cuando los gatitos, ya crecidos, se iban a vivir con familias que los necesitaban para cazar ratones, las visitas de los primos se hacían menos frecuentes. Entonces notaba las largas miradas de Costanza a la gata, con la esperanza de volver a verla grávida. Y Minina nunca dejaba de satisfacerla.

La casa de la tía Elena

Hay algo en ver reaparecer a los seres queridos que han estado lejos, no importa cuánto tiempo, que toca el corazón en su zona más sensible. ¿Teníamos miedo a perderlos? Tal vez no sea eso exactamente. Yo sabía que la tía Elena pasaba mucho tiempo en el campo en Mosè, también sabía que Simonetta vivía en Londres, pero cada vez que volvían sentía la necesidad de una confirmación.

Cuando volvía a la ciudad, la tía Elena se alojaba en un piso enfrente del nuestro, al otro lado de una gran terraza que servía de inmenso puente entre los dos edificios.

Los recuerdos más antiguos que tengo de la tía Elena, la adorada hermana menor de la abuela Teresa, son de su regreso de Mosè en compañía de su hija Chiara. Ellos habían vivido en ese edificio antes de que yo naciera, desde que mi abuelo había vendido el terreno donde luego se construyó todo el edificio. El abuelo Giuseppe, además de los garajes y los locales comerciales, se quedó con todo el primer piso del nuevo edificio, que bordeaba la terraza. En el piso de esa planta hizo construir cinco escalones montados con una pasarela de hierro forjado, de modo que las dos casas, aunque pertenecientes a edificios diferentes, se comunicaran. Así, la abuela Teresa no estaría separada de la tía Elena, su hermana, más que por esos cinco pasos que ambas recorrían innumerables veces al día. Era una especie de pasadizo secreto, pero a la luz del sol.

La tía Elena estaba a menudo en el campo y las persianas permanecían echadas cuando ella no estaba. Giuseppe y yo, dos años más pequeño que yo, esperábamos que esa casa volviera a revivir, pero nunca sabíamos cuándo sucedería. Todo ocurría de repente, en un día y una hora no mejor establecidos. La ansiada señal de su regreso la daba la apertura de los postigos que daban a la terraza.

Escondidos detrás de las cortinas, observábamos todos los movimientos, con esa incontenible ansiedad de quien está por fin a punto de ver materializarse un anhelo largamente acariciado. Apartaba las cortinas, las ventanas se abrían de par en par. «¡Giuseppe! ¡Han llegado! ¡Están aquí!», gritaba. Así decía una vez que tenía la certeza de que las tías habían regresado a la ciudad, y con ellas los gatitos, las crías de la inseparable gata siamesa que viajaba con ellas, Minina. Entonces, como buena hermana mayor, le daba la mano a mi hermano. Juntos cruzábamos corriendo la terraza para subir los cinco escalones que nos separaban de la casa de tía Elena. Ni siquiera necesitábamos pedir permiso a los mayores, siempre y cuando supieran dónde estábamos.

Una vez arriba, acercábamos los ojos al ventanal, haciéndonos sombra en la cara con las manos para mirar dentro. Luego llamábamos delicadamente al cristal con los puños para que nos abrieran. Mientras esperábamos impacientes a que alguien nos oyera, nos preguntábamos allí afuera: «¿Quién sabe si estarán todos aquí esta vez?». Y ese «todos» tenía que ver ciertamente con las tías, pero se refería sobre todo a la población felina: ¿cuántos gatos habría?

Nos quedábamos mirando la puerta que no tardaría en abrirse. Entonces podríamos abrazar a la tía Elena, a Simonetta y a Chiara, y jugaríamos por fin con los gatitos, porque la casa siempre estaba abierta para nosotros los sobrinos y, sobre todo, no había horarios. Esa espera, que nos parecía infinita, se consumía rápidamente. Cada pregunta tendría una respuesta, y lo sabíamos bien. Quietos y palpitantes tras aquellas ventanas, deseábamos con todas nuestras fuerzas que la tía Elena, con su sonrisa dulce y acogedora, estuviera en casa.

Desafortunadamente, a veces ocurría que no era ella quien abría la puerta, sino Pina, la mujer que cuidaba la casa cuando la familia estaba fuera, que todo era menos dulce y afable. Nunca llegué a entender si era así de carácter o es que le caíamos mal. En esas ocasiones, cuando entreveía desde la penumbra la figura de aquella mujer que se acercaba con su típico gesto scucivolo, desganado, y que con su vozarrón duro, a veces hosco, gritaba: «Tu tía no está aquí, no hay nadie», yo me encogía. Esa mujer tenía el poder de ensombrecerme en solo un segundo, solo tenía que mirarla. Le tenía miedo no solo por su tamaño sino porque nunca traía buenas noticias, y yo ya lo sabía. Estaba convencida de que no quería dejarnos entrar y estaba convencida de que en cierto modo disfrutaba al no dejar que nos acercáramos a los gatos, sus prisioneros. A veces, cuando veíamos su silueta acercándose al cristal, mi hermano y yo salíamos corriendo sin decir palabra. Nos escondíamos en el hueco de las escaleras hasta que se alejaba.

En cambio, cuando teníamos suerte y nos dejaban entrar en la casa, lo más emocionante era correr a la cocina devorados por la curiosidad, cruzarla a toda prisa y entrar en la pequeña galería que comunicaba con una terraza interior: sabíamos que allí estaba el cesto en que dormían Minina y sus crías. Entonces hundía mis manos en esas pequeñas cosuzze, cositas, peludas, oyendo sus tiernos maullidos. Los toqueteaba a todos uno por uno y los estrechaba contra el pecho. Era una alegría profunda.

A estas alturas está claro. En casa de tía Elena, de niña por lo menos, yo siempre entraba por el balcón y nunca por la puerta principal. Durante años no supe qué aspecto tenía la portería de su edificio, y ni siquiera si tenía una: la casa de la tía Elena era como un lugar hechizado, suspendido. Solo respirar su olor me daba una profunda sensación de bienestar, de placer. Me sentía bien y a gusto rodeado por esas paredes. Es difícil describir un olor con palabras, quizá sea más fácil describir las sensaciones que provoca. En todo caso, era un olor que venía de lejos, indefinido pero satisfactorio, o al menos esa era mi sensación; cubría una amplia gama entre la vainilla y el clavo, un olor a azúcar y a dulce en general mezclado con el de almendras y pistachos, y, de fondo, un nostálgico barrunto de humo, de pipa para ser precisos. Era la pipa de Simonetta, un accesorio no precisamente común en manos de una mujer pero que contribuía a hacer de ella un personaje aún más particular, al menos a mis ojos y a los de mi hermano, que la observábamos con curiosidad juguetear con aquel extraño objeto.

A menudo ella no estaba allí, incluso cuando la tía Elena y Chiara estaban en Palermo, porque vivía lejos, en Inglaterra. Siempre me ha fascinado, y no solo por el asunto de las pipas. Todo lo que hacía era interesante, el hecho de se hubiera ido de Sicilia siendo poco más que una niña en una época en que no era costumbre, que se hubiera casado con un inglés y tuviera una familia y una carrera en un lugar tan distante de nosotros, y que a mí de niña me parecía aún más lejano de lo que realmente era. Pero sobre todo me gustaba lo que me contaba. Sabía cómo hacer interesante hasta lo más trivial y cuando hablaba yo la escuchaba embelesada, podría presenciar la misma historia millones de veces. Y en este sentido, nada ha cambiado incluso ahora que he crecido.

Volviendo a esas paredes, esa conjunción de olores tan diferentes entre sí, alcanzaba un equilibrio tal que daba como resultado un recuerdo olfativo inconfundible. Una cosa es cierta: si cierro los ojos, todavía puedo sentir ese olor hoy; si los cierro, aunque sea por un instante, me veo allí, de niña, con una cuchara de madera en las manos, subida en una sillita dando vueltas al algodón de azúcar sobre la mesa de mármol hasta que el azúcar adquiría un color nacarado e hilaba a la perfección. A mi lado, la tía Elena, que desde que la abuela ya no estaba lúcida, ocupaba en cierto modo su lugar. Dos hermanas no solo de sangre, sino dos hermanas de alma, separadas únicamente por una gran diferencia de edad, diez años, pero unidas por un vínculo inseparable: el amor incondicional de una hacia la otra y de ambas hacia la cocina.

Es bonito pensar que una cuarta parte de esa sangre corre por mis venas, y cuando estoy en la cocina ellas están ahí guiándome con sus recetas. Sí, la cocina, sea cual sea y esté donde esté, es el lugar donde nos reunimos, el lugar donde me siento feliz. El lugar donde me siento bien conmigo misma.

Teresù, pasa tú

Costanza siguió viniendo a casa de mamá incluso cuando Minina envejeció y dejó de tener crías.

Venía con la tía Teresa y por lo general prefería los jueves, cuando Pina Parrucca disfrutaba de su tarde de descanso y dejaba la cocina limpia y perfumada, porque sabía que Teresa y mi madre prepararían juntas tartas, bizcochos y pastitas de almendras que se guardaban en cajas de hojalata para ofrecérselas luego a familiares y visitas.

Aunque había diez años de diferencia entre ellas, Teresa y mi madre habían compartido el mismo dormitorio hasta que mi madre se casó a los dieciocho años. Se trataban con una exquisita cortesía de antaño; delante de cada puerta todo eran formalismos: «Teresù, pasa tú», «Elenù, adelante», «Teresù, pasa tú»; cuando degustaron los postres recién horneados todo eran cumplidos cariñosos: «Prueba este que es mejor», «Te ha salido muy bien el glaseado», «La guinda queda de maravilla, ¡muy bien!».

Para mí es una gran alegría decorar tartas y galletas. Y es aún más bonito hacerlo con los niños, que se ponen de puntillas alrededor de la mesa de la cocina, con el cuello *tiso tiso* para presenciar la transformación de las galletas en obras de arte con almendras tostadas, pistachos troceados, gotas de chocolate y las omnipresentes cáscaras de naranja glaseada preparada en casa. Y una cascada de azúcar glas para rematar la decoración.

La cassata

La tradición siciliana exige que se coma en Semana Santa, pero en nuestra casa también se prepara en Navidad. Para nosotros es el postre de las grandes celebraciones, aunque para ser sinceros, cualquier ocasión nos parece buena. Me cuentan que cuando la abuela Teresa iba a la cocina a hacer cassata, preparaba por lo menos una docena para regalar a los amigos más cercanos y obviamente a nuestros parientes.

En su condición de postre de las fiestas importantes, no es casualidad que su apariencia sea tan espectacular: un triunfo de colores que cautiva la vista. Uno podría pensar: «Sí, desde luego, bonita es bonita, será difícil que sea igual de buena», pero en cambio el sabor está perfectamente a la altura de la apariencia. La cassata es bonita por fuera y bonita por dentro.

Es un postre de estructura compleja y desigual, que se prepara en frío, excepto el bizcocho que requiere cocción. Está compuesto por cuatro partes muy diferentes entre sí por naturaleza, estructura y consistencia, y que encuentran su singularidad en la diversidad; cuando se combinan entre sí, se casan con elegancia y una vez en la boca se funden para generar una combinación perfecta de sabores que ningún otro postre en el mundo es capaz de igualar. El paladar se rinde ante un bocado de cassata y solo le cabe disfrutar, inerme.

El borde exterior es de color verde esmeralda y está hecho de pasta reale —harina de almendras, agua y azúcar—, la parte superior está «iluminada» por el blanco reluciente de la velata —un *glaseado con agua y azúcar— y, para rematar, el rojo rubí de las cerezas confitadas que destaca entre el verde y naranja de las demás frutas escarchadas y el blanco opaco de la zuccata, calabaza dulce. Cuando la velata está bien extendida, el postre parece estar lacado en blanco perla.*

Al cortar el primer trozo, aparece la suave crema de requesón, pasada por el tamiz y con lascas de chocolate fundido, encerrada entre dos capas de bizcocho sin bordes.

La cassata es el triunfo del azúcar y, sin embargo, no es empalagosa.

Para prepararlo se utiliza un molde especial con una característica forma de sartén.

Parece ser que la cassata, tan arraigada en nuestra tradición pastelera, es fruto de la dominación árabe. Fueron los árabes quienes introdujeron en nuestra isla los pistachos, la caña de azúcar, los cítricos y las almendras, ingredientes que luego se convirtieron en pilares de la repostería siciliana.

Su nombre, cassata, se deriva de quas'at, que en árabe señala una palangana redonda y profunda, en la que se preparó por primera vez con simple azúcar de caña y queso fresco de oveja.

¿Quién hubiera pensado que un postre en una palangana se haría tan famoso?

Siempre he oído muchas historias de la cassata que se preparaba en la familia, pero no he aprendido a hacerla hasta hace poco y gracias a mi padre, que una vez más se hizo portavoz de las recetas de la abuela. Pero la cassata no sería nuestra sin la intervención de mamá, la encargada de preparar la pasta reale, en la que sobresale gracias a la experiencia adquirida en la confección de figuritas de pasta de almendras rellenas de pistacho.

La abuela Maria

La abuela Maria es la bisabuela de Costanza y de mis hijos. Fallecida en 1946, a la edad de cincuenta y cuatro años, adorada por sus hijos y muy querida por amigos y familiares, en casa siempre se hablaba de ella como si aún estuviera viva. «A mamá le gusta tomar un bocado de pan al final de la comida», solía decir mi madre, y por eso el pan tenía que permanecer en la mesa hasta el final, en lugar de retirarlo antes de la llegada de los dulces y de la fruta; «A mamá le gusta el orégano», decía la tía Teresa cuando llegó a la mesa el *sfincione*, la fragante variedad de pizza siciliana.

La abuela María, contaba mi madre, nada más casarse, instituyó la inusual regla de cocinar los mismos platos para la familia, para los invitados y para el personal de servicio, mientras que en otros lugares los mejores alimentos se destinaban a la mesa de los *padroni* y para el personal se optaba para platos menos costosos.

Cada vez que recibíamos una caja de bombones de regalo, los niños teníamos que repartirlos entre la familia, luego llevarlos a la cocina y ofrecérselos a todas las personas que estaban allí, y solo al final —si quedaba alguno— nos correspondía uno a cada uno. Cuando el regalo no era muy generoso y la bandeja contenía pocos bombones, yo temblaba ante la idea de que al final no quedara ninguno para mí, algo que nunca sucedía. Los adultos a los que se los ofrecía (incluso Paolo, el chófer, que era la persona más golosa que he conocido), se aseguraban siempre de que no quedaran demasiado pocos y me preguntaban: «¿Ya te has tomado uno?». Y ante mi negativa alguno de ellos me ofrecía el suyo. Aceptaba avergonzada, pero luego disfrutaba del último bombón, una *cuntintizza* inesperada.

En la siguiente ocasión iba directamente a ver a quien había renunciado al bombón por mí, pasando por alto a los demás. Se lo ofrecía vacilante, en silencio. Un intercambio de miradas era suficiente. Adulto y niña se habían entendido sin decir una sola palabra. Ambos habíamos hecho lo correcto. Y las personas correctas tenían derecho a una hermosa y duradera *cuntintizza*, de la que disfrutamos al máximo, en total complicidad.

En el sótano de la casa de Mosè

En nuestras casas había demasiadas cosas heredadas, compradas y regaladas. En los años cincuenta, se encontraron en un almacén algunas cajas repletas de cosas recogidas apresuradamente que se salvaron de los bombardeos aliados durante la Segunda Guerra Mundial. A los niños se nos permitía curiosear y ver lo que podía ser interesante o útil, bajo la mirada de las niñeras y del mayoral.

De esta forma elegíamos, limpiábamos y nos llevábamos después a casa nuestros «restos arqueológicos» para enseñárselos a nuestros padres, con la esperanza de que los reconocieran. Cuando ello sucedía, les pedíamos que nos contaran la historia de cada objeto. «Todos los "hallazgos" tienen su propia historia», decía mamá, «y necesitamos conocerla, o imaginarla juntos».

Casi todos los restos estaban ligados a un recuerdo de la abuela Maria y tenían una larga historia que mamá y la tía Teresa recordaban con cariño. Esas historias eran una forma de enseñarnos el pasado de la familia y de nuestra tierra, de recordar los malos tiempos con una pizca de dulzura y satisfacción, porque esos objetos, aunque estuvieran rotos o agujereados, eran importantes y dignos de respeto: todavía tenían algo que decirnos. Algunos me han seguido a América y a África, y ahora descansan en mi casa en Inglaterra.

Nunca mano sobre mano

La abuela Maria les había enseñado a sus hijas Teresa y Elena que «una señora nunca está mano sobre mano», refiriéndose al bordado, a la calceta y o a la simple costura, y a «terminar toda tarea sin dejar rastro», es decir, la importancia de arreglarlo todo, de recoger la suciedad generada y dejar la habitación o lugar de trabajo limpio y ordenado, sin tener que recurrir a la criada.

La abuela murió cuando mi primo Silvano tenía seis meses y yo once, pero es como si la hubiéramos conocido. Nuestras madres siempre nos hablaban de ella, hasta el extremo de que podemos contar qué y cómo comía, cuáles eran sus lecturas favoritas y sus mejores amigas.

«En casa, la abuela Maria nunca estaba ociosa: o bordaba, o dibujaba, o hacía punto, o leía», nos decía una de los dos mientras hacía un nudo en la hebra. «Y tocaba el piano durante horas todos los días», añadía la otra hermana. Luego, dirigiéndose a nosotros los niños: «Vuestra abuela tocaba su Steinway durante horas todos los días hasta su muerte. Fue ella quien inculcó el amor por la música al tío Giovanni, su hijo mayor».

Cuando los parientes venían de visita, mamá y la tía Teresa continuaban con el bordado y el punto. A menudo, las invitadas venían también con su propia bolsa con agujas y ganchillo, y cada una se ocupaba de su tarea, mientras charlaban de esto y de aquello, aunque sin chismorrear nunca sobre los demás. Eran momentos de gran intimidad y *cuntintizza*.

A la tía Teresa se le daba muy bien tanto el bordado como la calceta; hizo muchas chaquetitas de punto para los niños de la familia y también para Costanza, en colores suaves que casaban bien con el rojo de su cabello. Se esmeraba en hacer los diminutos ojales de los botoncitos que luego cosía uno por uno en la parte delantera de la chaquetita.

«El ocio es el padre del vicio», enseñaba la abuela Maria y eso mismo decían sus hijas también, de forma casi cariñosa. Incluso nosotras, las niñas, teníamos que hacer algo con nuestras manos: yo dibujaba, Chiara dibujaba y coloreaba muy bien. A mí me gustaba también cocinar, pero detestaba limpiar las superficies de mármol de la cocina, quitar el polvo de la mesa de madera y barrer el suelo, para dejar todo tan limpio como lo había encontrado. Con el tiempo aprendí a hacerlo, y a hacerlo bien, y pude darme cuenta además de que, después de terminar una tarea, arreglar el desorden creado y limpiar el lugar de trabajo es catártico y conduce a la *cuntintizza*.

También Costanza, cuando era pequeña y venía a vernos, estaba muy atenta para no ensuciar nada. Masticaba su galleta con la mano debajo de la barbilla para recoger las migajas que luego se llevaba a la boca. Cuando se levantaba de la silla para irse a casa, se preocupaba por volver a colocarla debajo de la mesa. Había sido bien educada por sus padres, y en particular por su madre, en estas «cosas de *fimmine*, de mujeres», y siempre ha vivido en su pequeño mundo con dignidad y una pizca de ironía. Y, así lo espero, con mucha *cuntintizza*.

La tortuga Francesca

En la terraza de servicio de la tía Elena vivía una tortuga. Se llama-
ba Francesca y había sido un obsequio de un tal capitán Barraco a
Simonetta cuando era una niña. Desde que se la habían regalado,
había vivido en esa terraza, incluso cuando Simonetta se mudó a
Londres y no pudo llevársela con ella.

Simonetta siempre había querido una tortuga y cuando recibió
por fin una como regalo, dando por descontado que era hembra, le
asignó uno de los nombres femeninos que más le gustaban.

Francesca no tenía un buen carácter. Desde un principio se
mostró esquiva, reticente y orgullosa. Estaba acostumbrada a una
vida solitaria, que la había agriado a lo largo de los años. Las
tortugas no necesitan cuidados y atenciones constantes, por eso no
viajaba con sus tías como Minina y los gatitos. Se quedaba en su
terraza de la ciudad, atendida por Pina, quien le dejaba algunas
hojas frescas de lechuga cuando iba a regar las plantas. Francesca
las devoraba con toda la voracidad de la que era capaz. Se bastaba
consigo misma y, al no estar acostumbrada a la presencia asidua
de humanos, cuando veía pies, especialmente si estaban descalzos,
corría a morderlos, abriendo una boca más grande de lo que uno
podía imaginar en una mascota de ese tamaño.

Hubo un hecho que marcó profundamente la historia de aque-
lla tortuga, y quedó grabado en la mente de todos, especialmente en
la de su dueña. A mí me lo contaron. Me refiero a cuando surgió la
oportunidad de buscarle marido, y además un buen partido: era la
tortuga de una familia amiga. Fue en esa ocasión cuando, una vez

122 · LA CUNTINTIZZA

organizado el encuentro, se descubrió para consternación de ambas familias que Francesca, considerada hembra durante más de veinte años, era en realidad Francesco. Hasta ese momento nadie había tenido la menor sospecha, es más, para ser honestos, todo el asunto no era ni remotamente imaginable. Quizá fue precisamente por eso por lo que la familia decidió hacer caso omiso a lo sucedido y dejar que Francesca siguiera siendo Francesca de por vida.

De ella se perdió un día repentinamente el rastro. Las tortugas, ya se sabe, son longevas, pero no eternas.

INTERLUDIO

El catálogo

Tratemos de poner en orden gestos, tareas, ocupaciones cotidianas en las que reconocer la *cuntintizza*.

Lo que sigue no es un decálogo, sino más bien un mapa ideal para orientarnos en este delicado territorio donde la alegría a veces *sbummica*, estalla inesperadamente, y tal vez no sepamos dar nombre a esa sensación repentina. Así que trato aquí de evocar, tal como me salen, algunos gestos que sin duda me pertenecen, pero que en realidad me superan para deslizarse, universales en la vida cotidiana de todos nosotros.

Cuntintizza es pulir los objetos de plata y ordenar los cubiertos en los cajones.

Cuntintizza es comprar en las almonedas objetos maltratados, sucios, negros, opacos para luego, en casa, pulir el metal, que de negro se transforma en gris y luego en plateado. Limpiar los dientes de los tenedores viejos es una aventura; no todos vuelven a su esplendor inicial, sino «a una apariencia digna»: ¡las huellas del pasado me dicen que el tenedor ha sido usado muchas veces y merece volver a la mesa!

Cuntintizza es dignificar una silla o un baúl con incrustaciones de madera en mal estado, y devolver poco a poco su esplendor a la madera; es como ayudar a una persona mayor a levantarse del suelo.

Cuntintizza es planchar, siempre. La ropa arrugada se vuelve lisa y el bordado se destaca. Planchar con una buena plancha de vapor es un éxito asegurado. Planchar también ayuda a quien se ha peleado con un ser querido: al planchar se suaviza, se acaricia, se apacigua y hace las paces.

Cuntintizza es dejar en orden y limpiar después de terminar un trabajo de costura o de cocina, o arreglar el baño después de que nos hayamos maquillado y peinado y estemos listas para salir.

Cuntintizza era viajar con mi madre cuando íbamos a conferencias sobre la infancia maltratada y el derecho de familia en países lejanos. Era una oportunidad para estar juntos, visitar lugares remotos y desconocidos y conocer a gente interesante. Si tenía que hablar en público o participar en debates delicados, dejaba a mi madre sola en el vestíbulo del hotel, con su bordado en la mano. Cuando viajábamos, nos dedicábamos siempre a bordar mientras esperábamos a que nos llamaran para embarcar en el avión. A veces, la gente se acercaba a nosotros para preguntarnos si estábamos allí para que nos filmaran en algún anuncio. Después del desastre de las Torres Gemelas en Nueva York el 11 de septiembre de 2001, ya no se permitía llevar en avión agujas y ganchillos. Desde entonces empezamos a dibujar.

La mayor y más gratificante *cuntintizza* es, sin duda, decorar los platos que se sacan a la mesa, para combinar el placer del paladar con el goce visual. De niña, el primer plato que me permitieron decorar fue la ensaladilla rusa, que estaba muy de moda en aquella época: consiste en una ensalada de patatas, guisantes, zanahorias, gambas y mahonesa que se presenta en la mesa en forma de pastel, un montículo decorado con hojas de menta y perejil colocadas como cintas y zanahorias cortadas en forma de media luna. Me gustaba inspirarme en los motivos del arte árabe-normando que admiraba en los ábsides de la catedral de Palermo.

En Sicilia en los años cincuenta, las ensaladas de hojas eran raras. Las lechugas, al igual que las zanahorias, no crecían bien debido al calor excesivo. En Agrigento, donde viví hasta los doce años, ni siquiera se compraba lechuga, porque se decía que las huertas de la ciudad de donde procedía estaban regadas con agua contaminada que provocaba tifus. Cuando el tío Peppino, el marido de la tía Teresa, venía de visita desde Palermo, nos traía hinojo, apio y zanahorias, además de la habitual bandeja de pastas.

La ensalada cotidiana en nuestra casa consistía pues en patatas hervidas con cebolla y aceitunas, o bien la clásica ensalada de tomate. Cuando sobraba, se volvía a sacar a la mesa en la próxima comida con el añadido de otras hortalizas y verduras, *conzata*, preparada, de manera diferente (era una de mis tareas). Los *beaux restes* eran una característica de nuestra familia y consistían en reciclar los alimentos con mucha imaginación: la pasta que sobraba del almuerzo se convertía en una fragante «pasta frita» para la cena, los restos de un estofado de ternera o pollo, mezclados con guisantes y queso, se convertían en el relleno de los *arancini*, las típicas bolas de arroz, y el risotto se convertía en *crochet* de arroz frito como guarnición.

Cuntintizza es saborear sola al final del día un licor en un vaso adecuado: el coñac vertido en enormes copas redondas, los digestivos en vasitos estrechos, el vino espumoso en copa plana y ancha, el whisky en vasos anchos y altos. Pero de esto hablaremos más adelante, y será Costanza quien aporte sus conocimientos en bebidas y licores.

El catálogo prosigue

Cosas que pasan cuando menos te lo esperas y te proporcionan placer. Son las pequeñas cuntintizze *de la vida cotidiana.*

Asomarse al balcón e inhalar el aroma de la ropa tendida a secar. Inspiro y el aroma viene de lejos, delicado, se mueve con cada soplo de viento y es un olor a limpio.

Es agradable observar las ropas colgadas en la cuerda que se hinchan como velas susurrantes, y si sopla un viento revuelto se enredan entre sí, se atormentan y se sacuden con fuerza. De niña las miraba preocupada, tenía miedo de que se desgarraran, y en cambio, después de todo el estruendo, apenas se calmaba el viento, las fundas de las almohadas, las sábanas, las camisas, los manteles y todas las servilletas alineadas una al lado de la otra volvían a estirarse lisas y ordenadas. Las sábanas se serenaban inmaculadas. Incluso ahora el olor de la ropa hace que me sienta bien, me seca los malos pensamientos, y me entran ganas, una vez recogidas las sábanas, de revolcarme en ellas.

Y luego está la cuntintizza *del regreso a casa, después de haber estado fuera, lejos, no importa cuánto tiempo haya sido. Siempre noto un sentimiento tranquilizador, reconfortante: la casa es el lugar donde estamos en paz, donde sentimos la calma, donde se levanta cualquier «barrera» dictada por las circunstancias externas.*

Es como si volviéramos a nosotros mismos, como si nos reconquistáramos. El hogar es mi zona segura y allí encuentro la quietud. En una casa todo encaja a la perfección, si te reconoces en ella: los muebles, los cuadros, el sofá, hasta el desorden. Es un juego íntimo e intenso de interacciones entre paredes, objetos, formas dentro de las cuales me siento acunada. Llegar a casa siempre es agradable y reconfortante.

¡El pan caliente! Una cosa tan sencilla, y pobre si se quiere, que sin embargo es una certeza cotidiana imperecedera y reconfortante. El olor a pan recién horneado invade calles y barrios enteros. Me divierte pensar que las panaderías se retan a son de pan fresco, a ver quién hornea el más fragante, quién logra esparcir ese aroma más lejos.

Un olor que te envuelve y, en el mismo instante en el que lo respiras, te hace suyo. Suele ocurrir que, hacia las siete, hora de la hornada vespertina en las panaderías de la zona, alguien entre en la farmacia donde trabajo con una bolsa de pan caliente en las manos. Entonces, mis compañeras y yo, arrebatadas, dejamos por un momento lo que estamos haciendo y nos detenemos a respirar, cerrando involuntariamente los ojos para disfrutar plenamente del aroma más reconfortante que conozco. Creo que el efecto resultante es el mismo para todos: el deseo de hundir las manos en la bolsa y arrancar de inmediato un trozo para comérnoslo todavía humeante. No creo que sea una cuestión de horario. El poder del pan caliente no tiene límites: es y será siempre una certeza incuestionable.

La cuntintizza se vincula a menudo con el tacto: el placer que proporciona el recorrer algo con los dedos, como el terciopelo, los granos de trigo, una masa, la seda. Cuando era niña, acariciaba a escondidas los abrigos de pieles de las amigas de mamá cuando venían a nuestra casa por la tarde a jugar a las cartas. Nada más entrar, los dejaban en la sala de estar, colocados sobre los dos bancos de madera que están junto a la puerta de entrada, oliendo a naftalina. Cuando sus dueñas se dirigían a la mesa de juego, yo entraba en escena por una puerta trasera y a la chita callando empezaba a acariciar los abrigos. Ellas jugaban a las cartas y yo jugaba con sus pieles. Pasaba las manos a ras de piel en una dirección y luego al contrario. Luego lo ponía todo en orden y, con cuidado de no hacer ruido, abandonaba la escena. No creo que nadie se haya dado cuenta nunca de nada. Los había de todo tipo: atigrados, manchados, de pelo largo o corto, jaspeados o de color único, rizados o lisos. En resumen, había pieles para todos los gustos que eran una tentación demasiado grande para poder resistirla. Una vez, en medio de ese montón de pieles, encontré un animal entero, ¿qué sería? ¡Un lince, un zorro? Quién sabe, y me impresionó. Esa fue la última vez que toqué pieles desconocidas.

Cuntintizze del confinamiento en Palermo

El tiempo que pasamos encerrados, cuando te ves obligado a ello, te lleva a enfrentarte a circunstancias insólitas y a redescubrir pequeños placeres que suenan casi transgresivos cuando se extrapolan del contexto de la normalidad. Cuando hasta los gestos cotidianos más triviales se ven sometidos a limitaciones, terminas apreciándolos y considerándolos como no lo habías hecho antes.

Eran pocas las cosas que nos estaban permitidas durante la pandemia, y tuvimos que regocijarnos en ellas.

Hacer la compra

Yo recuperé el placer de ir a hacer la compra. Esperábamos en largas filas, todos muy formales y a distancia, lo que alimentaba nuestros impacientes deseos de entrar al supermercado. A ello dedicaba mis sábados, generalmente a última hora de la tarde, cuando había menos jaleo. Perdida entre estanterías medio vacías, invadidas por los clientes que me habían precedido, contentándome con lo que los demás no habían elegido y fantaseando sobre qué cocinar en el largo (infinito) fin de semana recluso. Cuanta menos elección había, más complicado y estimulante era inventar algo que preparar. Me pasaba la mayor parte de mi tiempo en la cocina. A veces, con algunas amigas que vivían en la zona, quedábamos de forma clandestina en el mostrador de charcutería a una hora determinada, solo para intercambiar dos palabras fugaces, solo para mirarnos. El mero hecho de tenerlas frente a mí era ya un logro, y me sentía tan feliz de conseguirlo que cada vez me parecían más guapas.

Desembarazarse de las cosas viejas

Desmonté armarios enteros, polvorientos, cargados de ropa vieja que no volvería a ponerme pero que aún guardaba allí. ¿Esperando a qué? ¿Cuándo me habría atrevido a volver a ponerme esa falda de volantes y lunares? ¡Pues nada... fuera! Lo tiraba todo al suelo y miraba cada prenda una por una, me las probaba y decidía su destino. Deshacerse de negghie, cachivaches, que ya no se usan es, en cierto sentido, liberador, aligera el alma y los armarios. Deja espacio para otras cosas, para lo nuevo. Además, no era raro meter las manos en los bolsillos de un viejo abrigo olvidado y encontrar un billete descolorido del metro de Londres. Volver a verse en ese instante. Y soñar con viajar. Todo lo que está prohibido adquiere cada vez más encanto.

Cuidarse - la rutina de belleza

A menudo empleaba mi tiempo de encierro, cuando no cocinaba, para hacer mascarillas faciales con potingues caseros: pepinos, yogur, sal gruesa, zumo de limón, miel y todo lo que podía encontrar en casa. Viendo beneficios incluso donde probablemente no los había. Experimentaba con mejunjes, daba una nueva vida, cosmética, a ingredientes de cocina simples y banales. Una especie de segunda oportunidad, una nueva ocasión para cambiar esa vida. Luego me lavaba la cara y sentía la piel regenerada, fresca, limpia. Tal vez fuera mera sugestión, pero me gratificaba.

Mirar por las ventanas de los balcones

Pasaba mucho tiempo detrás de los cristales de los balcones de casa que dan a via Libertà. La calle principal del centro de Palermo que desemboca en piazza Politeama es una calle ancha, generalmente frenética y ruidosa, muy transitada e invadida por coches, peatones y bocinas. Nunca la había visto así, ni siquiera a altas horas de la noche: desolada, silenciosa, casi el espectro de sí misma, y, sin embargo, tan maravillosamente hermosa en su inusual quietud. Nunca había prestado tanta atención al pavimento callejero, al granulado de la acera, aunque siempre habían estado allí. Había tan poco ruido que se llegaban a oír sonidos quedos y nunca percibidos, ocultos en condiciones normales por el estruendo cotidiano: el tictac de un semáforo peatonal, las gaviotas, las cadenas de los barcos que atracan en el puerto. Una via Libertà sin precedentes: ¿quién hubiera imaginado poder verla así? Me sentía afortunada. La observaba en diferentes momentos del día, a veces me limitaba a echar un vistazo, otras veces permanecía allí durante horas. Detrás de esas ventanas estaba muy atenta para captar los diferentes matices, para percibir un detalle desapercibido hasta entonces.

Perdida en ese silencio, el tiempo pasaba sin que yo me diera cuenta.

Cuntintizze del confinamiento en Londres

Siempre he sido una persona muy independiente: me gustan las caminatas en solitario por parques y bosques, pero también me encanta pasear con amigos por los centros urbanos. Salí de Sicilia sin remordimientos para irme a vivir con mi marido, un ciudadano británico. Nunca me arrepentí, aunque luego nos divorciáramos. Educamos a dos hermosos hijos en la conciencia de su deber, en la devoción a la familia, que son grandes trabajadores (mientras la salud de George Hornby se lo permitió) y poseen un sentido del humor fundamental en todo, y especialmente en los asuntos familiares. Mis padres me educaron para ser sociable y hospitalaria incluso con los desconocidos. Me gusta tener invitados en la casa, voy a conciertos, al teatro y a la ópera. Prefiero vivir en Londres, mi ciudad adoptiva, que en el campo, y por eso mi casa está a cinco minutos de la estación Victoria, a diez del Palacio Real, a un cuarto de hora del Reform Club, del Palacio de Westminster y de la Tate Gallery a orillas del río Támesis, y a veinte minutos de la Ópera de Covent Garden y de los teatros del West End. Una elección estratégica.

Precisamente por eso, como le ocurrió a millones de otras familias, el aislamiento de la pandemia trastocó mi vida y la de mis hijos.

Por miedo al contagio del coronavirus, evitaba ir a visitar a George, mi hijo mayor, que vive en Herne Hill, a tres kilómetros de la estación Victoria. George está discapacitado y sufre de esclerosis múltiple primaria progresiva. En el primer año de la pandemia, sin embargo, iba a «verlo» todas las semanas. No era raro incluso que recorriera la distancia entre Ashley Garden a Brixton andando. Le mandaba un mensaje de texto y él aparecía en silla de ruedas en el umbral de la puerta, con un atisbo de sonrisa en la cara. Intercambiamos algunas palabras sobre las plantas del jardín, sobre el clima, sobre sus hijos y sobre su familia, y luego yo volvía a casa con el corazón encogido, pero serena.

Nick, mi segundo hijo, dirige una productora de televisión que siguió funcionando durante todo el confinamiento; venía a visitarme una vez por semana, pero a distancia. Nunca nos abrazamos y todavía tratamos de evitar el contacto físico.

Viví mal aquel periodo de encierro. ¿Cómo podía ser de otra forma? Me sentía profundamente infeliz. Cada día era idéntico al anterior y sería idéntico al siguiente. Estaba trabajando en una novela. Escribía un capítulo y se lo mandaba a mi editor. Al cabo de dos días tan solo, olvidaba que había escrito ese capítulo, así que lo reescribía y se lo mandaba de nuevo. Cuando me di cuenta de esa desmañada relación con la memoria, me asusté.

Me hicieron falta tres meses para reaccionar: necesitaba nuevas formas de *cuntintizza*, nuevas pequeñas razones de la belleza de vivir, conformes a ese tiempo de encierro, sin comprometer las prohibiciones impuestas por el gobierno.

Recordaba los buenos tiempos en los que cada día se veía *blessed* por una nueva *cuntintizza* al menos, ese algo que le sienta bien al corazón, hace que se frunzan los labios en una sonrisa y genera buenos pensamientos. En cambio, nada cambiaba. Tan solo la pereza crecía desmesuradamente y había que mantenerla a raya.

Traté de mantener la costumbre de mi visita diaria a Giorgio en autobús. Era triste no poder besarnos y ni tocarnos siquiera, pero así nos lo imponía el Estado. Descubrí una artimaña para evitar esa tristeza: cuando hacía mal tiempo, le llevaba muestras de terciopelo, lana, cachemir y mohair, trozos de tela para tapicería y cintas de seda; acurrucada en mi asiento en el segundo piso del autobús, junto a la ventana, sacaba las muestras del bolso y acariciaba, uno por uno, los diminutos cuadrados de lona, que al primer toque, a la primera caricia, despertaban la sensibilidad de mi piel: me parecía como si esos masajes estuvieran escritos por los dedos de un hombre enamorado.

No solo. En un armario había encontrado una maleta de cuero, repleta de ropa y telas compradas durante mi primer viaje a la India con mi marido, Giovanna —mi gran amiga y compañera de pupitre en el instituto Garibaldi de Palermo— y Luciano, su marido. Unas vacaciones inolvidables, que también nos llevaron a Cachemira. Teníamos dos coches con chófer y nos separamos de inmediato: *fimmine* con *fimmine* y *masculi* con *masculi*. Mientras nuestros maridos viajaban fumando en silencio, nosotras las mujeres no dejábamos de charlar y nos reíamos mucho.

Giovanna Garofalo Cassina murió hace poco, en enero de 2022. Pero para mí es como si aún estuviera viva, por más que haya estado presente en el funeral y en su entierro en el cementerio. Nuestra amistad pervive desde hace más de sesenta años, Giovanna es incluso la madrina de confirmación de George. Nos hemos seguido queriendo en la distancia, y nos seguiremos queriendo: yo aquí en la Tierra y ella en el Cielo. Desde allá arriba, mi gran amiga me mira con su dulce sonrisa, expresión de la pureza de su corazón.

Desde que Giovanna se fue, he vuelto a visitar mis *cuntintezze* de la época de confinamiento. Estas son.

Cuando me despierto, antes de abrir las cortinas del ventanal del balcón, me gusta adivinar qué tiempo hace. En Londres, de un día para otro, puede haber diferencias de temperatura de hasta diez grados. Observo la hoja de luz que se cuela entre las cortinas y oigo el servicio meteorológico nacional y a partir de eso intento deducir qué tiempo hará. Es un desafío entre un cíclope y una enana, yo misma. ¡Y, sin embargo, mis amigos me dicen que mis pronósticos les inspiran más confianza que los de la Oficina Meteorológica Británica! Todavía no he podido averiguar si me están tomando el pelo o no.

Me gusta recordar mi pasado siciliano a través de los cuadros, grabados y fotografías de mi casa londinense. En el vestíbulo hay un cuadrito al óleo del mar embravecido de Acqua dei Corsari, cerca de Palermo, obra de Antonino Leto, un pintor siciliano nacido en 1855. En el salón cuelga un retrato de mi abuela Maria que también aparece en la portada italiana de mi novela *Planta Noble*, y es obra del retratista Francesco Camarda, a quien conocí ya anciano, cuando pintó un segundo retrato de la tía Teresa, como mujer madura, pues ya le había hecho otro, de niña. En el comedor, que también sirve de estudio, hay un hermoso cuadro del Monte Pellegrino al amanecer visto desde el mar, obra de Michele Catti, nacido en 1855. Tranquilo, sereno, intenso. Con un «pero»: las sombras de dos barcas de pesca al amanecer parecen incongruentes, oscuras, abandonadas. A pesar de ello, esta pintura es mi favorita: no es frecuente encontrar una imagen del promontorio del Monte Pellegrino. ¡Parece un dinosaurio de cuello largo flotando en el agua, con la cabeza hundida en busca de peces para alimentarse!

Me gusta sacar brillo a todo lo que sea de madera: mesas, sillas, cómodas, cajas con taracea, mesitas, librerías, el *lambrì* (revestimiento de paredes de moda a principios del siglo pasado), sillones y sofás. La madera está muerta, pero extrañamente parece revivir cuando se pule con cera o aceite, especialmente si es rica en taraceas, que pueden ser decoraciones florales, geométricas, figurativas y abstractas. Taracear es un trabajo minucioso: se unen pequeñas piezas de diferentes maderas, y luego se encajan en el mueble, volcándolas sobre la superficie lisa de la que se diferencian en color y textura.

Más que la vista, es el tacto y el olfato los que más se benefician del brillo. Requiere mucho trabajo de muñeca. Acostarse en una habitación que huele a pulimento reciente es embriagador: contiene en sí mismo el cuidado de los muebles, la intención de prolongar su vida y la atención al detalle.

Cuando estoy sola en casa, me siento como si estuviera encarcelada. Para distraerme, también me gusta pulir mosaicos de madera, sabiendo que solo yo los disfrutaré. En lugar de obsesionarme con la soledad, el aislamiento, me concentro en las formas de disfrute que me quedan.

Siempre me ha gustado planchar, tanto con planchas de carbón, usadas hasta los años cincuenta, como con planchas eléctricas y de vapor, las últimas en llegar. Planchar relaja y al mismo tiempo, te deja la mente libre para pensar, te hace crecer y madurar.

Llevar un pantalón bien planchado, un vestido de tarde con bordados y un pañuelo sin una raya siquiera proporciona una sensación de plenitud que te devuelve la paz.

La *cuntintizza* de la época del confinamiento puede fomentar la generosidad y la práctica de dejar espacio para otras cosas. Es el momento adecuado para eliminar lo que no nos hace falta o que puede necesitarse en otros lugares, cosas que ya no te gustan y que se pueden usar de otras maneras con poco trabajo. Joyas de escaso valor, vestidos, zapatos, ropa interior personal, ropa de cama y de hogar: todo puede reciclarse y entregarse a los necesitados.

La *cuntintizza* puede estimularse mediante el consumo de bebidas dulces, vinos y licores, tisanas y refrescos como limonada y naranja. Sin exagerar, desde luego: ¡la diabetes es un gran enemigo de la salud!

La *cuntintizza* puede surgir de un masaje de pies bien hecho, que realmente aporta un gran bienestar. Los pies —es una verdad simple pero inmensa— son nuestro contacto con la tierra; en ellos nos apoyamos, gracias a ellos estamos erguidos, nos movemos, recibimos mensajes muy concretos sobre nuestro equilibrio, sobre nuestra condición de centinelas de la existencia. Y, en cambio, solemos descuidar los pies, especialmente en el caso de las mujeres, quienes, con tal de parecer elegantes, usan zapatos ajustados, tacones muy altos, punitivos y deformantes.

La *cuntintizza* aúna en particular a las mujeres y debería convertirse en un nexo entre las mujeres de todo el mundo. Nunca me sentí tan intensamente miembro del «sexo débil» como durante esta pandemia. Y nunca como ahora me había ocurrido presenciar por la calle o en lugares públicos tantas escenas de conflicto —y en ocasiones de lenguaje soez— entre hombre y mujer (marido y mujer quizá), tanto en Inglaterra como en Italia.

Hay una *cuntintizza* diferente y personal, de mujeres que han sufrido, que no quieren sufrir más y desean ayudar a otras en situaciones similares. En Inglaterra, los asesinatos y abusos contra las mujeres, en su mayoría por parte de sus parejas, pero también por parte de extraños, desquiciados o incluso miembros de la policía, parecen ir en aumento. Estos episodios cada vez más frecuentes merecen un estudio en profundidad.

El Estado jamás estará en condiciones de proteger adecuadamente a las mujeres víctimas de violencia si no somos nosotras mismas quienes lo acorralamos. En toda ciudad y pueblo con un mínimo de cinco mil habitantes, deberían existir estructuras, estatales o privadas, destinadas a acoger y apoyar a las víctimas, al igual que a través de una adecuada información sobre sus derechos. Depende de nosotras las mujeres imponernos y trabajar en red. Sabemos cómo mantenernos emocional y financieramente, pero rara vez nos sentimos a la altura cuando se trata de relacionarnos con víctimas de violencia física y psicológica.

Nosotras, quienes tenemos más de setenta años, deberíamos sentir realmente la responsabilidad y apoyar en particular a las más jóvenes, todas susceptibles de sufrir actos de violencia. La figura de una abuela o una tía anciana, quizá flanqueada por una mujer joven, puede ser de gran ayuda tanto para las víctimas como para las potenciales víctimas.

LAS BUENAS COSTUMBRES

Un mantel masónico

Durante la Segunda Guerra Mundial, la casa solariega de Mosè fue bombardeada por los aliados del 10 al 16 de julio de 1943, en la batalla de Agrigento. Los norteamericanos ocuparon la casa señorial y todo lo que quedaba fue robado, a excepción de los pesados *mobilazzi* de la cocina —alacena, cómodas y armario— y el piano de cola del salón. Al final de la guerra, mis padres reformaron la casa, amueblándola con muebles donados por familiares y amigos que no los necesitaban.

El comedor de arce estilo modernista y el dormitorio de mis abuelos fueron un obsequio de los hermanos de mamá, y los complementos para la mesa llegaron a Mosè desde Cannameli, una finca de la familia de mi padre. Mamá y la tía Teresa comenzaron a bordar manteles para la mesa del comedor que, extendida, podía acomodar a veinticuatro comensales.

Mamá aprovechó la ocasión para enseñarme a elegir los manteles que «combinaran bien» con los platos y vasos en uso. Por lo general eran blancos, pero algunos eran de colores, siguiendo la moda de la época.

Recuerdo en particular un mantel de tela rosa con textura gruesa cuadrada, que desentonaba con una de las vajillas salvadas de las bombas: tenía dos bordes, uno dorado y otro naranja, con dos manos estrechadas dibujadas en él: ¡un símbolo de la masonería! Cuando me di cuenta me quedé horrorizada. ¡Así que coloqué sobre la mesa tarritos de cristal con hojas de menta, para distraer la atención de los comensales de esas dos manos naranjas! Estaba muy orgullosa de haber salvado un buen servicio y «negado» el triunfo de la masonería en nuestra mesa.

Laurel, cuántas caras

¡Cuántas caras tiene el laurel! Laurus nobilis, *planta aromática y oficinal, noble de nombre y de hecho. Es un remedio casero para pequeñas dolencias: agua caliente y hojas de laurel secas; es el licor «allorino», preparado con hojas frescas, que se bebe al final de una comida y tiene excelentes propiedades digestivas; es un ingrediente precioso que aparece en muchas recetas sicilianas, bueno para la carne, excelente en sopas, ¡encaja en casi todas partes!*

Las hierbas aromáticas siempre han tenido una presencia importante en nuestro hogar, tanto en las leyendas que cuentan antiguas costumbres caseras, como en recetas de cocina y remedios naturales.

Pero aquí nos detendremos en el laurel, con su hermosa hoja de un verde intenso y con su olor delicado y familiar, aristocrático desde su propio nombre, con todo ese oro dentro en su nombre en latín, y tan ennoblecedor, si se considera que en la Antigüedad las coronas de laurel ceñían la cabeza de los vencedores.

Esta planta está muy presente en mis recuerdos de infancia, al igual, según creo, que en los de muchos niños. Era costumbre preparar una taza de agua caliente con unas hojas secas para combatir el dolor de estómago, antiguo remedio natural que madres y abuelas ofrecían ante cualquier atisbo de malestar. Es la receta más sencilla que existe y sus propiedades relajantes han marcado la historia de cada uno de nosotros. Para aprovecharlo al máximo, antes de bebérselo, hay que dar vueltas con la cucharilla dentro de la taza en la que flotan las hojas, hasta que el agua se coloree de verde pálido, y mientras tanto se respira toda la fragancia que desprenden los vapores. Quienes lo prefieran pueden añadirle un trozo de cáscara de limón.

En los especieros caseros nunca ha faltado ni faltará el laurel. Es demasiado útil y sobre todo no es un ingrediente intrusivo: se adapta con amabilidad a casi todos los alimentos, dialoga con las verduras y la carne de cerdo. Encuentra un entendimiento, así como en las bebidas, ya sean calientes o frías. Siempre pensé que tenía un sabor reconfortante y tranquilizador: me ha hecho compañía durante toda una vida y lo asocio a momentos de alivio, de apoyo, una esfera del gusto a la que uno puede abandonarse como en un puerto seguro.

El laurel es la planta aromática más versátil y más utilizada en mi cocina. Sin perjuicio del efecto beneficioso de su infusión, tengo especial predilección por el allorino, el licor de laurel. En Sicilia se prepara en casa y es muy popular entre los licores al final de una comida. El procedimiento es sencillo y consiste en dejar macerar en alcohol unas veinte hojas de laurel recién recogidas durante un par de semanas, para que el alcohol extraiga de ellas todas las sustancias activas y su aroma. A las dos semanas se añade un volumen de agua y azúcar igual al de la infusión y se deja reposar en la oscuridad en botellas de cristal durante unos diez días. Una vez listo, debe guardarse en el congelador y servirse frío en copas de licor al final de la comida; podemos estar seguros de que su efecto placentero y refrescante es superior.

El allorino tiene un color verde intenso que recuerda al aceite joven, es fragante y debe beberse estrictamente a sorbos, paladeándolo lentamente para apreciarlo mejor. Los ojos, la nariz y la boca saldrán beneficiados.

Beber un licor al final de una comida es un ritual, y si no nos excedemos en las cantidades (¡moderación ante todo!), ingerir alcohol perfumado facilita la digestión, apacigua y, posiblemente, induzca al sueño. Para este «ritual», solemos levantarnos de la mesa y pasar a un ambiente más relajado, al salón, por ejemplo, sentados en sillones y sofás, el lugar adecuado para mezclar charlas y consideraciones sobre el mundo, un mundo que en ese momento parece lo suficientemente lejano como para contemplarlo sin amargura, sin ira, sin dolor.

Siempre guardo en el congelador unas cuantas botellas de allorino casero, listas para animar (pero no para achispar...) a amigos y familiares, sobre todo en comidas y cenas improvisadas.

Agua y laurel

Según la mitología griega, el laurel nos fue «regalado» cuando Dafne, una casta ninfa codiciada por Apolo, fue transformada en árbol por su madre Gea, la Madre Tierra, para protegerla de la concupiscencia del dios. Desde entonces, las coronas triunfales consisten en ramas de laurel entrelazadas y el árbol de laurel es apreciado en todo el Mediterráneo. El laurel se emplea en la cocina para dar sabor. Yo lo uso principalmente para hacer una bebida: agua y laurel, una antigua tisana que no solo reconforta, sino que relaja y cura todas las dolencias, desde el dolor de estómago hasta la fatiga, ¡y hace incluso que baje la fiebre!

Una o dos hojas por persona, hervidas durante no más de cinco o diez minutos con una cáscara de limón que le proporciona un hermoso color dorado, proporcionan una bebida límpida, transparente, fragante, exquisita si se toma sola y más exquisita aún si se le añade una cucharadita de miel o de azúcar.

El agua y laurel no incluye alcohol ni drogas, por lo que es apta para todas las edades y religiones: es la reina de la *cuntintizza*.

La *cuntintizza* que provoca no se debe solo a su delicado sabor, sino también al aroma ligero y embriagador del limón y del laurel, y a la vista de las hojas verdes que nadan libremente en la tisana dorada.

El agua y el laurel sacian los sentidos, relaja, crea armonía, paz y *cuntintizza*: es insustituible. Todas las demás bebidas que conozco ayudan, acompañan, sanan, pero no están a su altura.

El agua y laurel es también la poción del rito del perdón, que me enseñó mi madre: era su medicina y la tomaba a menudo. Todavía escucho su voz suave:

El agua y laurel ayudan a perdonar y a olvidar las maldades ajenas que hacen sufrir, a ti y a los demás, basta con seguir el ritual que me enseñó mi madre. Siéntate en el sillón en el que te encuentres más cómoda, coloca en la mesita de al lado una tetera llena de agua y hojas de laurel y una taza de té con un platito. Vierte la tisana en la taza y toma un sorbo.

Piensa en las maldades que te han afligido, recuérdalas una por una y sufre, toma otro sorbo y perdona, toma otro sorbo y olvida.

Piensa en las otras maldades que tanto te han humillado, recuérdalas una por una, y sufre, toma otro sorbo y perdona, toma otro sorbo y olvida. Piensa, recuerda, sufre, perdona y olvida.

Mamá me explicaba que el perdón, gracias al olor del agua y laurel, no resulta tan penoso como podría haber sido de otra manera. Después del perdón, también había que olvidar, que era la parte más difícil:

Olvidar las maldades perdonadas es fundamental para sentirse en paz y alcanzar así la cuntintizza. *Entonces la tranquilidad y la paz descenderán sobre ti, una sensación de bienestar que luego se vuelve* cuntintizza. *Garantizo el resultado, siempre. ¡Nunca he dejado de tomarlo, mi agua y laurel!*

Café y dientes negros

El café es una bebida extraordinaria: alarga el día, quita el sueño y el cansancio, fortalece la mente.

Me inicié en el café cuando empecé a estudiar hasta tarde para prepararme para los exámenes de la escuela media, que daban comienzo a finales de junio.

Una noche ya era tarde y mamá entró en mi habitación para pedirme que apagara la luz. Me encontró en la cama con la cabeza apoyada en el libro, dormida. Al día siguiente le imploré que me diera algo que me permitiera estudiar por la noche. Fue entonces cuando mi madre empezó a darme, antes de los exámenes, una taza de café a última hora de la tarde, aunque todavía no tuviera la edad adecuada, que en casa estaba establecida en los quince años. Mamá, que tomaba el café amargo, me enseñó a tomarlo sin azúcar.

Cuando se acabaron los exámenes, se acabó el café. Lo echaba en falta y entraba a escondidas en la cocina a buscar los restos en la cafetera y a hervirlos como *cafiata*, el café obtenido de los posos. Cuando mamá se enteró, se alarmó y tuvimos una larga charla sobre la adicción a las sustancias nocivas. Empezó con una premisa necesaria: estaba anticipando lo que le hubiera gustado discutir conmigo más adelante, cuando yo fuera mayor, pero como yo tenía tanta afición por el café prefería contármelo ahora: tenía que ver con la *cuntintizza*.

«Todos queremos disfrutar de la vida y ser felices. La felicidad y la infelicidad son extremos opuestos. Siempre es mejor evitarlos y buscar el camino del medio: la *cuntintizza*, que dura mucho tiempo y alegra nuestra vida y la de las personas que nos rodean. El café es una droga que hace mucho daño y es adictivo. El vino y los licores también pueden convertirse en una droga. En el caso del té, en cambio, es bastante raro que ocurra».

Mamá se puso seria de repente; me reveló que el padre de mi abuela paterna había muerto joven de alcoholismo. «Has heredado parte de su sangre y debes tener cuidado. Tu papá es abstemio, por elección propia», y luego añadió: «Beber un poco de vino no hace daño, pero hay que tener cautela, todo el mundo lo sabe. El abuso del café no conduce a los problemas del alcoholismo, pero puede ser malo para la salud y, sobre todo, ennegrece los dientes». Ella me miró con severidad. «¡Los dientes negros! Algo que una señora siempre debe evitar» y me recordó que en los bares siempre se sirve un vaso de agua con el café, precisamente para quitar la pátina oscura del esmalte.

El café es muy popular en casa Agnello y en casa Hornby. Lo tomamos a menudo, siempre en pequeñas dosis. Disfruto de la ritualidad de nuestro café, herencia de nuestra madre: mi hermana y yo lo tomamos siempre con el platito en la mano, nunca lo dejamos sobre la mesa, y lo saboreamos con gusto.

Cuando tenía diecinueve años y estudiaba en la Universidad de Kansas en Lawrence, en pleno centro de Estados Unidos, seguí un curso de arte japonés. Durante un día entero, el profesor nos explicó detalladamente el ritual del té, fundamental para conocer la cultura japonesa. Mis pensamientos volaron de inmediato a nuestro ritual del café, suspendido por desgracia en Lawrence, donde en aquella época era imposible encontrar café molido italiano, solo había café en polvo. Estaba orgulloso de las semejanzas y del respeto que tanto nosotros en Sicilia como los japoneses sentíamos por nuestras respectivas bebidas favoritas. Desde entonces he sido una apasionada admiradora del arte japonés y una fan de la primera novela del mundo, *La historia de Genji*, un libro escrito hace mil años por una mujer, Murasaki Shikibu.

En el café hay siempre algo transgresor y sensual que nunca he encontrado en el té. El café desempeñó un papel importante en mi crecimiento durante la adolescencia y más tarde en mi emancipación. Entre las bebidas, es la que más despierta los sentidos: el olor (olfato), el negro brillante de la bebida y el contraste con las tacitas blancas (la vista), el sabor (pastoso, amargo), el tacto (apretar el mango, acariciar la taza, sentir el grosor del borde de la porcelana entre los labios) y la succión del café a sorbos lentos tanto caliente como frío (oído).

El café se toma durante el día, porque por la noche puede dificultar el sueño. Es, por lo tanto, una bebida que nos acompaña durante los períodos de actividad, aumenta la energía y contrarresta el cansancio y la pereza, como un amigo que nos anima a hacer más y mejor.

Me han dicho que el café también puede ser un poco afrodisiaco. A veces me pregunto si el mito del *italian lover* no tendrá su origen precisamente en el café, que fue introducido en Italia desde Oriente Medio por Prospero Alpino a finales del siglo XVI. En cualquier caso, le estoy muy agradecida al médico y botánico paduano por habernos regalado esta *cuntintizza*.

El café se bebe amargo; mezclarlo con azúcar o leche altera su naturaleza. Por eso nunca me ha gustado el helado de café. Sin embargo, hay una excepción: el granizado de café con nata montada y azucarada, pues en este caso la dulzura es un elemento externo.

«Al g.» o al gusto

Me crie leyendo las recetas de mi abuela, y entre esas líneas manuscritas en cursiva con bolígrafo negro había una notable cantidad de «al g.», traducido como «al gusto». Añadir harina al gusto, agregar cacao al gusto, dejar que se espese al gusto, añadir sal y azúcar al gusto, y así sucesivamente.

Una vez que supe lo que significaba esa abreviatura y por lo tanto hice el gran descubrimiento, me pregunté: «Pero al gusto ¿en qué sentido? ¿Y quién marca el gusto adecuado? ¿Quién es el que establece los límites de ese gusto?».

A lo largo de mi vida no he dejado de darle cuentas a eso del «al g.». Lo de al gusto es un concepto que va más allá de los confines de la cocina y se extiende hacia esos otros, decididamente más extensos, de la vida: estamos en el terreno de la filosofía moral, donde la vida se llena de sabiduría experiencial. Somos nosotros los que establecemos lo que nos gusta, en cada situación y circunstancia. El gusto implica una elección de responsabilidad, que tiene que ver con el libre albedrío. Es una decisión que derriba los límites de la objetividad para apoyarse en una subjetividad consciente, en las sensaciones y percepciones que aprendemos a identificar y, por último, volviendo a la cocina, en el sabor del paladar entrenado.

«Al g.» parece una fórmula incierta y en cambio… ¡es suficiente con hacer la prueba! Es un criterio que se deriva del ejercicio de la responsabilidad, nos dice hasta dónde puede llegar un sabor, para nosotros, pero también para los demás, para aquellos a quienes ofrecemos el fruto de nuestro trabajo. Se trata, por lo tanto, de

una medida que, aunque esté dictada por nuestra sensibilidad personal, se concibe para determinar el agrado. Cada uno ha de establecer cuánto es suficiente, cuánto basta, cuánto es lo adecuado. Y en esa conciencia, todos se aseguran de que los comensales disfruten de una armonía (el sabor justo, la justa cantidad de azúcar, las justas proporciones de los distintos ingredientes) que es un hecho y no una particular muestra de destreza.

Con el tiempo me di cuenta de que la regla de «al g.» solo funciona cuando no se tiene en cuenta. En otras palabras, solo si no me preocupo por cuánto implica ese «al gusto», tengo pleno control sobre ello.

Con el «al g.» se presupone que nuestra experiencia se convierte en sabiduría y que la sabiduría nos ayuda a decidir cuándo parar, cuándo no ir más allá. Por lo tanto, no es casualidad que «al gusto» pueda llevarte a la desesperación, especialmente cuando se trata de una receta que nunca se ha probado.

El «al g.» implica que debemos hacer malabarismos entre el exceso y el defecto, entre el demasiado y el demasiado poco, e implica la búsqueda de un equilibrio que no puede traducirse sino desde nuestra «intimidad» con los sabores. Es un concepto particularmente fascinante en la cocina, un principio filosófico que responsabiliza a cada uno de sus propias percepciones y sensaciones. Pero también un elemento muy íntimo y personal, porque cada uno determina por sí mismo ese gusto, la medida suficiente, la medida adecuada.

No es raro que me vea discutiendo con mi padre sobre la cantidad de azúcar que hay que poner en la crema de requesón, ya que a él le gusta más dulce y a mí me gusta menos. Nuestros «al g.», en este caso, no coinciden. Y lo mismo me pasa con la sal de la salsa. A mí me gusta exagerar. Un poco, solo un poco, solo lo suficiente: hasta los excesos tienen su «al g.».

Desde luego, una certeza sí que la he adquirido: establecer el propio «al gusto» proporciona satisfacción. También en la vida.

Descubrir que somos capaces de movernos en el mundo con armonía y equilibrio es un logro. Tal vez por eso el «al g.» nos inquieta y nos alienta. Está ahí como una recomendación, pero no tiene la gravedad de un gesto autoritario: nos pide interioridad, nos pide manejar el pequeño secreto de un gran bienestar. Nos dice cómo están las cosas, coincide con ese conocimiento de los límites que decide nuestra inteligencia del mundo.

Mientras escribía estas líneas, perdiéndome entre la filosofía y la cocina, pensaba en la abuela Teresa y en lo mucho que le hubiera gustado leerlas.

Al gusto según la abuela Maria

La abuela Maria no tenía libros de cocina, sino notas escritas en tinta azul con su preciosa letra inclinada a la derecha, en la clásica cursiva italiana. En su libreta, las recetas solo pretenden indicar la cantidad de ingredientes y nunca proporcionan tiempos de cocción. En lugar de la duración, está el uso del *spitino*: se inserta el palillo de hierro en el centro del bizcocho, si sale seco es que el bizcocho está listo.

La abuela Maria no describe cómo preparar el plato, sus indicaciones son brevísimas, lapidarias: «amasar», «meter en el horno», «dejar reposar». Por ejemplo, nunca da consejos sobre cómo preparar la fuente, si engrasar el fondo y los lados con mantequilla o aceite o forrarlos luego con harina o azúcar: escribe simplemente «hornear».

Que la abuela Maria se apoyaba en la madura experiencia culinaria de los lectores de su cuadernillo está claro: nunca describe la presentación del plato o postre, que deja al criterio de quien cocina.

He aquí algunas frases recurrentes en sus páginas. Si el postre debe montar (con claras batidas o con levadura), escribe: «Presionar un poco la superficie y si rebota la tarta está lista», y sobre la masa: «Añadir *al gusto*», «comprobar *a ojo*». Frases dictadas por años de experiencia.

El regusto de la *cuntintizza*

De niña no fui a la escuela primaria, porque nos quedábamos en el campo hasta Navidad. Así que empecé mis estudios como alumna externa después de Reyes: la señorita Gramaglia, una excelente maestra empleada en la Delegación de Educación, llegaba a casa a las 7.30 de la mañana y me impartía la clase diaria durante una hora. Se marchaba puntualmente a las 8.35 para irse a trabajar. Sus últimas palabras siempre eran: «Por favor, haz todos los deberes que te he dado». Eran muchos, la verdad, pero yo era diligente y los terminaba todos al mediodía, como ella me había ordenado. Luego, orgullosamente, los metía en una carpeta para presentárselos a la maestra al día siguiente.

Me sentía «buena chica»; cuando no hacía bien los deberes recibía reproches que me dejaban destrozada todo el día, pero que con el tiempo aprendí a aceptar. Afortunadamente, sucedía en raras ocasiones.

Cuando la maestra me daba un «nueve» escrito con lápiz rojo, estallaba de alegría y les enseñaba la tarea a las personas importantes de la casa que, además de mi niñera Giuliana, eran tres: papá, mamá y Paolo, el chófer. Paolo era en realidad casi como un abuelo para mí. Entró a trabajar con la familia cuando papá tenía solo cuatro años y sufría de osteomielitis en la pierna derecha, que en los años venideros tuvieron que amputarle. El comentario de Paolo siempre era: «Bien hecho, sí, pero eres demasiado cabezota». Y no se equivocaba.

Mamá se ponía muy contenta, me abrazaba y me ofrecía los dulces o golosinas que tenía a mano. Papá me decía textualmente: «Has cumplido con tu deber». Su actitud austera borraba de golpe mi *cuntintizza* y me obligaba a fruncir los labios para no llorar.

Una vez me quejé con mamá de la severidad de papá, pero ella lo defendió: «No lo hace a propósito, es su manera de transmitirte el sentido del deber». Aquello lo entendí aún menos, y tampoco me ayudó a olvidar la frialdad de mi padre. Solo con el paso del tiempo aprendí a no hablar con mi familia sobre las notas que recibía de mi maestra.

Membrillos y dulce de membrillo

Hay costumbres que sirven para marcar la sucesión de meses a lo largo del año. Presencias, si puedo definirlas así, que delinean de forma precisa el perfil de una estación.

Cada año, en el mes de octubre la cocina de casa se veía (y se sigue viendo) invadida por un aroma bien definido, a azúcar y a clavo mezclado con el de la fruta cocida, un olor que recuerda al de la manzana, pero con una nota más aromática y un toque de amargura en el fondo. Lo conozco desde que tengo memoria consciente y es para mí el olor de octubre: el olor de los membrillos.

En el campo de San Basilio mi abuelo había plantado un par de árboles, solo para uso familiar. De hecho, el membrillo no es una fruta muy demandada en los mercados, pocas personas la conocen y aprecian, pero sobre todo no todos saben utilizarlo en la cocina, a menos que no exista una tradición detrás que se transmita de familia en familia. Es una fruta antigua y no muy común, tiene una forma irregular y una pátina ligeramente aterciopelada en la piel, y es difícil de pelar porque la pulpa es muy dura y consistente.

El membrillo nunca se come crudo, pues su sabor es agrio, desagradable en la boca, allappuso, y deja un regusto blando y molesto. Yo solo conozco dos formas de prepararlo: al horno, caramelizado con azúcar y luego acompañado de nata montada, o como membrillo (de las dos formas, la más conocida sin duda). El dulce de membrillo es una especie de mermelada, pero más densa, que se coloca en moldes de cerámica vidriada de distintas formas (de pez, por ejemplo, o redondeado con flores y otros adornos en el dorso); estos moldes tienen pies en la base, para poder colocarlos sobre una superficie.

Los sicilianos lo consideramos casi como una mermelada. El procedimiento de elaboración, en realidad, es parecido, pero más largo, porque la pulpa se deja cocer largo rato, hasta que se vuelve bastante sólida. Una vez vertido en los moldes para que quede firme, cuando se ha enfriado se come cortado en rodajas.

En la base de cada forma se colocan dos o tres clavos, que incorporados a la mezcla caliente y humeante le hacen sbummicare, expulsar todo el aroma que impregna el dulce de membrillo.

En los moldes se puede conservar a oscuras incluso durante más de un año sin que se estropee. Mi abuela hacía dulce de membrillo para almacenar todo el año a la espera de una nueva cosecha, y, por lo tanto, de un nuevo octubre.

Mi padre cuenta con nostalgia las numerosas veces que sus primos y él merendaban con tozos de membrillo sobre rodajas de pan. Recuerdo cuando abría los armarios de las alacenas ubicadas en la antecocina y en el comedor: estaban rebosantes de moldes de membrillo, ¡toda la casa lo estaba! Porque el dulce de membrillo, además de satisfacer los deseos de la familia, se regalaba también a amigos y parientes.

Papá ha seguido cultivando esos árboles para nosotros, y todos los años con esos frutos preparamos dulce de membrillo y membrillo caramelizado al horno según la tradición de la casa.

Pese a todo, soy consciente de que el membrillo es una fruta que muchos consideran desagradable y, a veces, desprecian, quizá por las dificultades para cocinarlo y su poca versatilidad en la cocina. Incluso se dice que en algunos países ni siquiera se recolectaba, o si se hacía no era para comerlo sino para usarlo para perfumar cajones.

Yo me siento muy apegada a los membrillos y a sus rarezas y me encanta comérmelos. Tal vez porque en nuestra casa siempre han sido una presencia fija y constante incluso durante las vacaciones.

Besos que no di

Si de algo me arrepiento es de haber sido tan esquiva con mi primer amor, un chico un poco mayor que yo, a quien conocí en una convención de Acción Católica en Asís. Un arrepentimiento que, sin embargo, acarrea consigo cierta dulzura.

Él era de Nápoles, yo de Palermo, nos atraíamos mucho el uno al otro. Durante el día tratábamos de estar en el mismo grupo, y luego, después de cenar, dábamos largos paseos por las calles y callejones de Asís, hablando sin parar y de cualquier cosa. Caminábamos hasta quedar exhaustos uno al lado del otro sin rozarnos nunca. Nos moríamos de ganas de cambiar a la «*mano manuzza*», a hacer manitas, pero resistíamos a la tentación.

«Mira la puesta de sol», recuerdo que dijo. Estábamos sentados en un murete de la basílica del Santo, en lo alto de la gran llanura de Asís. Era invierno y yo llevaba puesto un abrigo heredado de la tía Teresa. Mientras hablábamos, nos acercábamos cada vez más el uno al otro. Intentó ponerme una mano en el hombro, acercando su rostro al mío. Reaccioné como una chica de buena familia y me aparté. Él cogió mi bufanda y trató de recuperar terreno, pero lo empujé y la bufanda cayó por detrás del murete y voló por el acantilado, perdida. Me puse de pie de un salto, desconsolada. Él no sabía qué hacer y le asomaron las lágrimas a los ojos. Así que yo traté de consolarlo y le permití caminar dándonos la mano, pero nada más. Al llegar al alojamiento, intentó darme un abrazo, pero lo rechacé.

Nos despedimos con la promesa de escribirnos, pero nunca fui capaz de contestar a sus cartas. Yo tenía quince años y me parecía comprometedor.

Como las señoras

«Chicas de otros tiempos», así nos gustaba definirnos. A Daniela y a mí. Así nos sentíamos frente a los chicos de nuestra edad que, durante la merienda de la tarde, consumían bebidas gaseosas y bollería industrial... A nosotras nos gustaba tomar té caliente y galletas, y lo hacíamos estrictamente a la inglesa, alrededor de las cinco. Era nuestra costumbre desde tiempos del colegio, nuestro descanso favorito durante los deberes.

Daniela era mi compañera de pupitre del instituto desde cuarto grado: rubia, grandes ojos color azul ceniza, extrovertida y con una fuerte predilección por las matemáticas. Si no hubiera sido por sus preciosísimas clases particulares, no sé si habría sido capaz alguna vez de «hacer cuadrar las cuentas» o aprobar el examen. Daniela fue una de las primeras compañeras de clase en creer en mí y en mi potencial. ¿Cómo no estarle agradecida?

Al crecer, nunca perdimos nuestra costumbre tan querida y compartida. Cambiaban las circunstancias, los lugares, incluso las horas, pero el té no. El hecho de que nuestros caminos se separaran después del bachillerato por diferentes opciones académicas —ella ingeniería, yo farmacia— no implicó nuestra renuncia a ello: a pesar de todo, lográbamos encontrar hueco y tiempo para ese ritual. Era nuestro momento. Como dos ancianas señoras, sentadas muy formalitas, todo dispuesto a la perfección: las tazas decoradas en sus platitos, las cucharillas de plata al lado, la azucarera a juego, las rodajas de limón finamente cortadas, las bandejas de varios pisos con galletas variadas, entre las que nunca faltaban las de forma de margarita con la mermelada de albaricoque en el centro, y los azucarillos, y luego la caja de madera con una colección de bolsitas de té de todas clases: vainilla, limón, bergamota, bayas, naranjas y canela, menta...

Uno de nuestros lugares de encuentro favoritos, en perfecto estilo antiguo, era el Antico Caffè Spinnato en via Belmonte, uno de los bares históricos de Palermo, en la principal calle del centro, cerrada al tráfico: la verdadera sala de estar de la ciudad a cielo abierto. El bar albergaba uno de los salones de té más antiguos frecuentado por las señoras bien de Palermo. También nuestras abuelas y madres, con sus amigas, solían ir al Spinnato.

Era un desfile de señoras elegantes, todas conzate, muy arregladas, que siempre acababan allí después del recorrido por las tiendas, para concederse un descanso y charlar un rato, comentando los hechos salientes de la ciudad, planeando salidas juntas.

Coetáneas nuestras había muy pocas, pero aun así nos sentíamos a gusto, como dos ancianas señoras. Charlábamos mientras sorbíamos esa taza de té que sosteníamos suavemente con los dedos. A esas alturas, ya éramos clientes habituales. Nosotras junto con otras señoras.

Había una en particular que se sentaba allí todas las tardes. Elegante, bien maquillada, toda allicchittata, muy estilosa, y enjoyada. Llevaba un pintalabios bermellón, un lápiz en los ojos ya marcados por el tiempo, un doble collar de perlas en el cuello, zapatos de salón con tacones poco pronunciados, y conjuntos de faldas y cardiganes siempre diferentes y siempre combinados con gusto. En una mano sostenía un bolsito rígido de terciopelo con asa y en la otra el bastón. Llevaba pulseras de oro en las muñecas y vestía un cómodo abrigo de pieles. Tenía el pelo corto, blanco, con algunas tonalidades de gris, con permanente, pero no excesiva, siempre como recién salida de la peluquería.

Estaba allí sola en su mesa, siempre la misma, como esperando a alguien que nunca acababa de llegar. O al menos esa era la *impresión que nos daba a Daniela y a mí. Nos sentíamos atraídas e intrigadas por aquella hermosa señora anciana tan sola. Ella nos miraba y nos sonreía con dulzura, expresando consenso y aprobación. De vez en cuando nos lanzaba una mirada fugaz y nos guiñaba un ojo. Detrás de esos ojos risueños había cuntintizza, mucha, al observarnos. Pero siempre de forma educada y delicada.*

¿A quién esperaba todas las tardes? ¿A alguna amiga que nunca venía? ¿A un amor perdido? ¿A una persona fallecida? El caso es que se preparaba con gran cuidado para reservarse esa media hora al día, ese té reflexivo y elegante. Una costumbre que parecía pertenecerle de por vida, aunque la compañía de antaño ya no estuviera allí.

Tal vez ella viera su pasado en nosotras dos, y nosotras dos nos reflejáramos en ella.

Llegó la época de exámenes y Daniela y yo estuvimos cierto período sin volver por ese salón de té. De aquella señora, cuyo nombre nunca supimos, se perdió todo rastro: sin embargo, nos quedó la agradable, difusa sensación de volvernos, con la taza en la mano, para mirar su mesa, ahora vacía o tal vez ocupada por otros. Ella, para nosotros, siempre seguía ahí.

SEGUNDO INTERLUDIO

Los pecados capitales

Tenía nueve años cuando recibí mi primera comunión. Se había decidido que se realizaría en el campo, en la iglesita de Mosè, y que el padre Parisi —el sacerdote de la familia— me impartiría la catequesis en Agrigento, donde permaneceríamos hasta el mes de mayo. Estaba muy orgullosa de recibir esas clases particulares, entre otras cosas porque consideraba que mi profesor era muy superior a la señorita Gramaglia, mi maestra, y bebía cada una de sus palabras.

La catequesis tenía lugar en casa (y en ese caso antes del almuerzo, al que luego estaba invitado) o en la parroquia de la iglesia de San Pietro, donde me acompañaba la niñera, o bien en casa de Paolo, donde me quedaba sola con el sacerdote.

El padre Parisi tartamudeaba, sobre todo si se sentía en una situación embarazosa. No le gustaba impartirme catecismo, eso estaba claro, así que se atascaba en las palabras, a pesar de mi evidente entusiasmo. Me encantaban las historias del Nuevo Testamento e incluso las del Antiguo Testamento, y después de cuya lectura hablábamos de pecados y virtudes.

Recuerdo una acalorada discusión sobre la paciencia: él me acusaba de ser impaciente, algo que yo negaba, argumentando que todas las mujeres eran pacientes y que los únicos impacientes que conocía eran hombres, como papá, los tíos y mis primos mayores, y por lo tanto él también.

El padre Parisi rechazó la acusación y me habló de Job: «Job soportó pacientemente todos los problemas y angustias de la familia y del rey. Cuando llegaron las plagas, que trajeron también moscas y moscones, aquel santo varón se quedó allí, sin moverse, cubierto de moscas y moscones, con todos esos *armalazzi*, animalejos, encima. ¡Esa es la verdadera paciencia!». Desde entonces he considerado la paciencia como la única virtud de la que mantenerme alejada a toda costa.

Al final de cada «clase», el padre Parisi me marcaba en el librito de catecismo cuánto tenía que leer y cuánto tenía que memorizar para prepararme para la confesión.

Hubiéramos debido también incluir los pecados, pero sobre ese asunto el piadoso sacerdote se mostraba renuente: prefería no abordar el asunto, se limitaba a enumerarlos todos, uno por uno. Con cada pecado me miraba a la cara, como si no quisiera preguntas, y decía: «¿Lo entiendes?» Y yo: «Sí, lo entiendo».

Y a mi manera era verdad que lo entendía todo.

Y a mi manera me sentía obligada a admitir que había cometido muchos, muchísimos pecados, para hacer feliz al padre Parisi, porque de lo contrario, al confesarme, poco o nada habría tenido que decirle y nada de lo que ser absuelta. Así que elegí un buen número de pecados del librito en el que estaban enumerados y los anotaba diligentemente en un cuaderno escolar. Debería haberlo titulado vicios capitales, pero «pecado» me pareció un término más práctico.

Primer pecado: la ira.

Había arrancado la página de un cuaderno en el que había hecho un bonito dibujo coloreado con pasteles; entonces mi hermanita pasó a mi lado con un vaso de agua y lo volcó, mojando mi obra maestra. Estuve a punto de darle un golpe, pero Giuliana me sujetó la mano. Le pregunté al padre Parisi si ese comportamiento era ira. Él asintió y me miró muy serio. Traté de ocultar mi satisfacción: ¡así que había cometido un pecado de verdad! Bajé la mirada, esquivando la suya: sabía que los comulgantes, cuando van a comulgar, avanzan por la nave con las manos juntas y la mirada baja, y yo también tenía que acostumbrarme a ser como ellos.

Segundo pecado: la avaricia.

Les tenía mucho apego a mis lápices y cuando venían a jugar mis primos los escondía para no tener que compartirlos con ellos. Las mentiras parecían un pecado insignificante, pero no me gustaban. De vez en cuando alguno de los primos me pedía que le diera uno de los lápices, sobre todo si estaban duplicados, pero yo decía que no tenía. El padre Parisi me dijo que era muy tacaña y que tenía que ofrecer los lápices que tenía por duplicado, pues de esta manera tal vez ellos también me darían los suyos, y luego sancionó: «Es un *do ut des*». No entendí muy bien esa frase, y aunque estaba segura de que no quería prestarles mis lápices a mis primos, intentaría hacer una prueba. Le di uno a mi prima más pequeña, pero ella nunca me ofreció nada a cambio. Entonces dejé de fingir que era generosa. Todavía tengo una gran cantidad de lápices en casa.

Tercer pecado: la envidia (un problema grave).

Yo era una niña privilegiada; pasábamos el verano y el otoño en nuestra hermosa casa de campo con viñedos, olivos, almendros y alfóncigos. Sin embargo, a mí no me gustaba tener que pasar seis meses allí, como tampoco me gustaba recibir en casa una hora de clase al día de la maestra Gramaglia, de enero a junio. En la ciudad no me gustaba ir al parque con la niñera sin que me dejaran jugar con los demás niños que estaban allí con sus compañeros del colegio. Envidiaba a los niños de mi edad que iban al colegio de primaria y tenían compañeros de clase con quienes hablar. Se lo conté al padre Parisi, quien suspiró y luego sugirió que tal vez fueran ellos eran los que me envidiaban, porque yo era rica. No me gustaron en absoluto estas palabras. Decidí que tal vez quien tenía menos que yo era más feliz y sobre todo contaba con muchos amigos. Me hubiera gustado ser como ellos. Así que registré la envidia como un pecado. Solo cuando empecé a ir al colegio para cursar secundaria entendí que esa envidia que sentía no era más que un aspecto de ese sentido de justicia e igualdad que me habían enseñado en mi familia. Este dilema me ha acompañado durante años.

Cuarto pecado: los celos.

En nuestra casa tratábamos a todas las personas por igual, al igual que a nuestros amigos. Un día el tío Ignazio, el primo favorito de mamá, trajo a nuestra casa a Verena, una hermosa turista suiza rubia que hablaba poco italiano y de la que se había enamorado. Yo tenía cinco años y hacía mucho tiempo que estaba prendada de mi tío. Cuando tenía tres años, me mandaron dos semanas durante el mes de agosto a Gibesi, su finca, junto con la niñera, porque mi madre, embarazada de mi hermana, estaba a punto de dar a luz en casa. El tío Ignazio pasaba mucho tiempo conmigo y me llevaba a su piscina, la primera y única que había visto. Un día le pedí que me prometiera que cuando fuera mayor se casaría conmigo, y él me lo prometió. Así que yo, roja de celos, no perdía de vista a la suiza y a mi tío con la esperanza de que ella se marchara pronto. Sabía que solo podría casarme con mi tío al cumplir los dieciséis años, así que estaba lista para aguantar a Verena durante un corto período. La «rubiota» —como la llamaba mi niñera— se esforzaba por ser amable conmigo, pero yo la desdeñaba: ella no era digna de él; yo, en cambio, sí. Y contaba con los dedos todas las cosas que podía ofrecerle a mi amor y que aquella extraña no tenía: yo sabía preparar figuras de pasta real y luego envolverlas en cacao para ofrecerlas en la mesa; yo sabía siciliano, que ella no hablaba; y además hablaba francés, que ella hablaba mal. En resumen, ¡Verena era inferior a mí!

El tío Ignazio y la tía Verena se casaron cuando yo tenía seis años; mamá me convenció de que fuera amable con mi nueva tía. Recuerdo las palabras que le dije cuando llegó a casa después de regresar de su luna de miel: «Está bien, eres su mujer, pero no olvides que yo fui su primera mujer». Desde entonces aprendí a admirar y a querer a la tía Verena.

Quinto pecado: la gula.

Un pecado común que estaba seguro de compartir con todos los que me rodeaban. Estaba muy atenta a él, especialmente durante la Cuaresma, cuando la gente tenía que renunciar a tantas cosas. Tenía muchas ganas de demostrarme a mí misma que era capaz de no comer dulces durante cuarenta días, un período muy largo. Pero como no lo conseguía y claudicaba ante mi glotonería, en vez de renunciar a los dulces, hice un pacto privado con Dios: sacrificaría otros platos que me importaban mucho menos, pero que se consideraban festivos y codiciados, como, por ejemplo, el dentón, o la langosta. Cuando había pollo, rechazaba la pechuga —la mejor parte— y me tomaba un muslo, lleno de nervios y cartílago calloso. Luego, durante el resto del día, me sentía orgullosa de mi sacrificio y, en privado, picoteaba galletas y chocolates.

Sexto pecado: la acidia.

Un pecado cuyo significado no comprendía. El padre Parisi me explicó que significaba ser perezoso, especialmente en hacer el bien a los demás, y que era un pecado muy malo. En cambio, yo estaba convencida de que era un pecado muy feo que incluía el homicidio de alguien, como la palabra misma decía. El padre Parisi no estaba de acuerdo e insistió en que era la pereza lo que formaba parte de la acidia, y no el homicidio. Luego traté de encontrar rastros del pecado de la pereza en mi comportamiento, pero cuanto más lo pensaba, más me confundía: ¡nunca había sido una vaga! Además, Giuliana me había explicado que la pereza era típica de alguien que no quiere hacer nada y, como yo estaba siempre en movimiento —es más, en casa me tomaban el pelo diciendo que era el móvil perpetuo (otra cosa que no me gustaba: creí que quería decir que me movía como una peonza, porque ese sí que es un móvil perpetuo, cuando estaba bien lanzada)—, era algo que no me atañía.

Sin embargo, decidí que la pereza era un pecado que no hacía daño a nadie, el pecado de los que se aislaban de los demás, de los que eran indolentes y poco activos. Así que me consolé diciendo que no era un pecado importante del que confesarse, sobre todo por parte de los que se abandonaban a él tan poco como yo.

Séptimo pecado: la lujuria.

Eso sí que me dejó muy perpleja. La lujuria venía del «lujo» y el lujo era algo que les gustaba mucho a todos. «Esa señora va vestida de lujo» era un cumplido. Se admiraba a los recién casados que habían amueblado la nueva casa con gran lujo. Cuando mi madre me llevaba con ella a Hugony, la gran tienda de Palermo que era una especie de grandes almacenes en miniatura, volvía muchas veces sin haber comprado nada. Decía suspirando: «Qué maravilla las cosas de lujo, pero no hay quien las compre: demasiado caras». Y a mí eso de penalizar al pobre señor Hugony por tener una tienda de lujo me pareció muy injusto. Decidí no confesar mi lujuria: no era para mí, prefería mis vestidos cosidos por Melina la costurera.

Se acercaba el día de la primera comunión. Había enumerado todos mis pecados en una pequeña página y los releía constantemente, para añadir otros y recoger los ejemplos que el padre Parisi me pediría en nuestra primera confesión. Estaba orgullosa de ello, los había escrito y reescrito en limpio, en letras de imprenta. Lo que no había sido fácil para mí: la miopía ya se estaba manifestando, aunque no me diera cuenta.

Giuliana me llevó por fin a la parroquia de San Pietro para mi primera confesión. El padre Parisi me estaba esperando, pero quiso confesar antes a las señoras sentadas en los bancos cerca del confesionario. Se pusieron en dos filas, una a la derecha y otra a la izquierda, y mientras tanto yo esperaba, tensa. Había preparado una bonita lista de pecados, pero no sabía si el padre Parisi querría que los leyera en voz alta o que le diera el papelito para que me preguntara. Noté que ninguna de las señoras llevaba una lista de pecados, así que traté de memorizar los míos releyéndolos en voz baja. Giuliana estaba de rodillas y no se daba cuenta de nada: era muy religiosa y murmuraba sus oraciones en húngaro.

Por fin llegó mi momento. Mi confusión fue total, no podía leer el papelito porque el confesionario estaba a oscuras y Giuliana había cerrado la cortina detrás de mí. No veía bien al padre Parisi, ya que no había un cristal entre nosotros, sino un panel de madera completamente perforado por la que podía vislumbrar pequeños pedazos de su rostro bien afeitado. Intuí que había acercado la oreja a la rejilla. Decidí cerrar los ojos y confesar todos los pecados del mundo.

El padre Parisi no me animaba a hablar, y por eso yo seguía muy lentamente. Luego su voz me interrumpió, impaciente: «¡Ya basta!». Pensé que me había excedido en pecados, y me sentí avergonzada. «¿Y la penitencia?», pregunté ansiosa, aunque también orgullosa de ser una pecadora y, por lo tanto, de merecer una.

«Cuando entres a casa, le das un abrazo a la primera persona que veas y le dices "te quiero"».

«¿Y a los demás?», pregunté.

«Como quieras», fue su respuesta, y murmuró algunas palabras en latín que no entendí. Luego dijo bruscamente: «Ahora *vattinni*, fuera de aquí».

Estaba muy orgullosa de esa confesión y un poco preocupada por la penitencia, ¡pero volví feliz a casa! Había ido a la iglesia a confesar mis pecados y los había dejado allí, porque había recibido la absolución del padre Parisi.

Giuliana me había anticipado que la penitencia habría consistido en una o dos Avemarías por lo menos, mientras mi madre decía: «Será solo una oración breve». En cambio, mi penitencia consistía únicamente en dar un abrazo a la primera persona que viera en casa. No tendría que rezar, ni leer el catecismo, ni memorizar frases... ¡Solo un abrazo! ¡Valía la pena ir a confesarse, tomar la primera comunión y estar libre de pecado!

No era solo *cuntintizza*: me sentía importante, mayor, me sentía completamente nueva, renovada, limpia y sin pecado.

La puerta principal generalmente la abría Francesca, nuestra querida criada, y yo no veía la hora de abrazarla. Desafortunadamente, esa tarde abrió la puerta Paolo, el chófer, que acababa de regresar del campo y estaba llevando canastas de frutas y verduras a la casa. Paolo estaba en la sala de estar, me había visto desde la ventana de la escalera y la había abierto para dejarme entrar. Hizo ademán de darse la vuelta para llevar uno de los cestos de higos a la cocina, pero yo lo conminé: «¡Paolo, quieto! ¡Ven aquí!». Era la primera orden que le daba. Me miró desconcertado y se acercó. «Agáchate», le dije. Aún más perplejo, se agachó pensando que yo tenía algún problema para caminar, tal vez una piedra en un zapato. En cambio, me colgué de su cuello, le di un beso en la mejilla y exclamé con orgullo «¡Te quiero mucho!», añadiendo a modo de explicación: «¡Esta es mi penitencia!».

Paolo enarcó las cejas y siguió trasportando los cestos de frutas, murmurando: «¡Menudo diablejo *'sta picciridda*, esta chiquitaja!». No le respondí, sabía que tenía la conciencia tranquila, y Giuliana, que se había acercado corriendo, observaba satisfecha mi estricta observancia de la orden del padre Parisi. Al ver la mirada inquisitiva de Paolo, lo tranquilizó: «Otra de las ideas extravagantes del padre Parisi». Ella no podía soportar a ese cura y Paolo lo sabía bien. Se miraron y se entendieron. Yo ni siquiera les presté atención porque estaba feliz.

El resto del día fue pura *cuntintizza*: me sentía buena y ligera, y, sobre todo, me sentía «santa». Había recibido una bendición, solo para mí, no como la que imparte el sacerdote en la misa para todos los fieles, sino la mía personal. Y también estaba feliz por haber abrazado a Paolo, que era como un abuelo para mí. Hubiera sido menos agradable si hubiera tenido que abrazar a la cocinera, Pina, una viuda hosca y que apestaba a ajo y cebolla. Así pues, la preparación para mi primera comunión había empezado de la mejor manera posible.

La fotografía de mi primera comunión está en el álbum familiar: una niña regordeta y decididamente foucha con un vestido de pi que blanco con pequeños lunares. Los primos de Palermo habían venido para la ocasión y la iglesita de Mosè estaba a rebosar. Para mí ese fue el momento en que me volví «mayor» y entraba en sociedad; ahora me sentía lista para hacer el bien a los demás. Estaba más que dispuesta a alejar de mí todos los pecados, a seguir los mandamientos de Dios y a conseguir que mis primos, tanto mayores como menores, hicieran lo mismo. Me tomó tiempo entender que hacer el bien a los demás sin esperar agradecimiento u otro reconocimiento forma parte de la *cuntintizza*.

Con todo, la comunión me había creado un problema. Sabía que la hostia se hacía carne de Cristo y también sabía que tenía que derretirla contra el paladar, nunca morderla, precisamente porque era el cuerpo de Cristo. Con el tiempo, en lugar de acostumbrarme a ese ritual, sentía cada vez más mayor responsabilidad, porque temía que, al no poder controlar la masticación, tarde o temprano terminara con la boca llena de la sangre de Cristo.

Fue esto, y no las dudas sobre la fe, lo que me alejó de ese sacramento. Nunca quise revelar mi miedo a nadie, pero me sentí realmente feliz cuando pude abstenerme de comulgar. Fue un acto de respeto hacia Nuestro Señor. Yo nunca lo hubiera mordido.

CUNTINTIZZA Y SCUNTINTIZZA

Los enemigos de la *cuntintizza*

Durante mucho tiempo fui incapaz de aceptar la idea de que hubiera personas imposibilitadas para disfrutar de la alegría de los demás, o incluso de los acontecimientos alegres de su propia vida y de la de su familia. En cambio, existen y son los llamados pesimistas, los que lo ven todo negro. Cuando les sucede algo bonito, lo que sienten más bien es pena porque piensan en la consternación, la rabia, el dolor de cuando esa belleza desaparezca o se transforme en fealdad. Personas así existen y son numerosas, he conocido a varias yo misma, desde la infancia.

Los pobres rara vez tienen problemas de este tipo: se ven obligados a trabajar para ganarse el pan de cada día y pensar en el bien de su familia; para ellos, la *cuntintizza* podría consistir simplemente en una buena comida.

He visto a los enemigos de *cuntintizza* cerrar filas en las familias de clase alta. Los hijos mayores son casi siempre los favoritos, y los menores sufren con ello y los envidian, por lo que acaban encontrando consuelo en el resentimiento, en los celos, en las habladurías y se vuelven adictos a esta segunda naturaleza suya. No saben siquiera lo que significa la *cuntintizza*.

En otros tiempos, las solteronas eran particularmente amargadas, resentidas y envidiosas. Las mujeres en general no trabajaban (y si esto sucedía era porque «tenían» que hacerlo), por lo que a las hijas solteras debían mantenerlas las familias, que no habían podido proporcionarles una dote para el matrimonio. Cuando sus padres morían, las solteronas no se iban a vivir con una hermana casada sino con un hermano casado, donde estaban en cierto sentido sujetas a la voluntad de su cuñada, con quien las relaciones eran a menudo tensas.

Los enemigos y enemigas de la *cuntintizza* destacan en las reuniones familiares: un cumpleaños, una boda, una visita de duelo o incluso un funeral. Su naturaleza se revela a través de actitudes y expresiones faciales —suspiros, muecas leves, boca fruncida, miradas de arriba abajo— pero sobre todo con el lenguaje. Todos los enemigos de la *cuntintizza*, hombres y mujeres, tienen el don de encontrar siempre la palabra adecuada para lastimar a alguien. Los funerales y los matrimonios son su momento de gloria. Allí, frente a familiares y amigos, pueden darse aires y estropear un ambiente de alegría o dolor con media frase apenas. En el funeral de un hermano que era un marido infiel, como tantos otros, y quizá tuviera hijos ilegítimos, basta decir con un suspiro: «Con una esposa tan difícil como esta, solo ahora descansará en paz». O: «Con la de cosas que ha hecho, y muchas de sus mujeres ahora *arrifriscano*, sienten alivio sin él, que se dejen de tanta cara de tristeza en el entierro». O la frase «*Talè sta scanuscita*, mira a esa desconocida ¡está claro que es hija del difunto! Tiene hasta la misma marca de nacimiento en la frente».

Las enemigas de la *cuntintizza* se comunican con los movimientos de la cara, además de con las palabras. Tienen una gran habilidad para poner los ojos en blanco, para cerrar los párpados, para mover la boca curvando los labios, para contraer la barbilla como si fuera el hocico de un perro, para fruncir el ceño y levantar una ceja en señal de asombro o dando a entender a los demás que saben más que nadie. Todo sin abrir la boca.

Los enemigos de la *cuntintizza* escudriñan a sus víctimas y luego se acercan, aparentemente educados, dispuestos a una palabra cariñosa, pero la mirada revela su intención: obtener más información y destruir su *cuntintizza*.

Espinas espinosas

Tratemos de pensar en chinitas bajo el pie, muy pequeñitas, pero tan afiladas que nos impiden caminar. Pues así son los enemigos de la cuntintizza, *presencias que la ofuscan, que la anulan. Afortunadamente no de forma definitiva. Y con todo, hay que ver lo molestos que pueden ser en toda su enorme pequeñez. No siempre se revelan de inmediato, a veces se esconden detrás de una máscara (y son los peores). Una vez que se quitan la máscara, se insinúan a través de una respuesta debida, un gesto torpe, una palabra fuera de lugar, un tropiezo «accidental», una sonrisa fingida, o a través de una mano que se ha hecho pasar por amiga.*

Chinitas, sí. Pero tal vez sea aún más apropiado pensar en las espinas de las chumberas. Comparadas con todas las demás espinas, claramente visibles, las de las chumberas son tan finas que apenas se notan, y hieren en cambio con toda su quirúrgica transparencia. Mientras podemos defendernos de los demás, de estas últimas no. Son un enemigo invisible y, por lo tanto, difícil de combatir. Son tan ligeras e intangibles que llegan cuando menos te lo esperas y te alcanzan donde crees estar protegido. «Basta con mirar las chumberas para encontrarte lleno de espinas» dicen en el campo. Lo que no pasa desapercibido es el espinoso malestar que se te queda. Solo si sabes cómo lidiar con ellos puedes evitar que te pinchen.

He reflexionado y son muchas (demasiadas) las cosas que acechan y amenazan a la cuntintizza *todos los días. De la mayor parte de ellas no hay que hacer caso, por lo tanto, para preservar-la, para custodiarla. No soy capaz de dar al enemigo un solo rostro, porque son muchos los que exhibe. Y ni siquiera sabría clasificarlos en función de la gravedad, en una escala de culpas. El enemigo está donde lo ves (o donde no lo ves) o bien donde quieres que esté.*

No son los gestos llamativos los más incisivos, sino que más bien son por el contrario las innumerables y microscópicas espinas que te pinchan repetidamente las que mayor efecto tienen. No son dolorosas, porque «dolor» resulta una palabra excesiva. Son un incordio, un fastidio. Sientes punzadas y, por más que te das la vuelta, notas el picor, pero ya no sabes identificar dónde. Muchas pequeñas molestias que pesan más que una grande, visible y solitaria.

Así son las barrabasadas, intencionadas o accidentales, con las que inevitablemente nos topamos, por desgracia. Por bien que nos vaya, al menos un gesto, una palabra, una acción al día están a la vuelta de la esquina, al acecho. Depende de nosotros esquivarlos. No importa si nos lo merecemos o si somos sus víctimas de forma completamente aleatoria. Otras veces somos nosotros los que nos transformamos en espina de chumbera. Verdugos de la cuntintizza, *en eso nos convertimos, conscientes o no. Pero así es.*

Para defenderme de las espinas aprendí a usar guantes especiales, gruesos y resistentes, y sobre todo aprendí que, antes de pelar los higos chumbos, hay que dejarlos en remojo en agua tibia un par de horas.

No soporto los excesos, la falsedad, la maldad —gratuita o no—, la falta de delicadeza en el estar en el mundo y la mala educación con los demás. Los guantes y el agua tibia, en la vida social, son más difíciles de usar, pero la similitud se mantiene. Aprendo a defenderme, aprendo a hacer más accesible, más suave, más blando mi contacto con el mundo y con mis semejantes. Semejantes, efectivamente. Sé de lo que estoy hecha, y por eso mismo he aprendido a guardarme de las «espinas» de esos frutos maravillosos que son los seres humanos.

Nacimientos, bodas y funerales

Nacimientos, bodas y funerales son las ceremonias que marcan la vida de los seres humanos. En estas ocasiones, los enemigos de la *cuntintizza* caminan en grupos, aislados jamás, como cazadores frente a la madriguera de las liebres, esperando a que una de ellas salga para dispararle. Al principio parecen un grupo compacto y leal: se apoyan mutuamente y se ayudan unos a otros en los momentos difíciles. Pero eso dura poco: los enemigos de la *cuntintizza* se enzarzan entre ellos con despiadada crueldad. Cuando a uno de ellos le ocurre algo bueno —una herencia inesperada, el éxito de un proyecto, un puesto de trabajo codiciado—, en vez de felicitarle y alegrarse de su buena suerte, los demás, llenos de envidia, arremeten compactos contra el afortunado con todos los medios a su alcance. El castigo más fácil y efectivo es dejar de hablarle y hablar mal de él por ahí.

Las enemigas de la *cuntintizza*, en cambio, prefieren el silencio y el aislamiento, antes que enfadarse unas con otras. Lanzan a las personas a las que envidian miradas aceradas y duras como un alambre, y luego chismorrean sobre ellas a diestra y siniestra.

Recientemente, los enemigos de *cuntintizza* se han modernizado. En el pasado, a nadie se le hubiera ocurrido acusar a un profesional —médico, ingeniero, profesor— de haber cometido un error sin tener pruebas de ello. Hoy la tendencia es culpar inmediatamente a otros si algo sale mal: un médico que ha errado en su diagnóstico, el cirujano que no ha operado bien, el empresario que ha perdido una contrata, el profesor que no ha apoyado al estudiante apático, el gobierno que no ha sabido prever una epidemia.

Curiosamente, los aspectos positivos del derecho a favor de los ciudadanos y de los más débiles han ofrecido a los enemigos de la *cuntintizza* nuevos territorios de conquista. Me pregunto si algunos de los contrarios a las vacunas son enemigos de la *cuntintizza* y, en este caso, de la salud de todos.

Pequeñas palabras reveladoras

Los enemigos de la *cuntintizza* demuestran su desaprobación con una simple caída de los párpados, inclinando hacia abajo las comisuras de la boca, rascándose suavemente el lóbulo de la oreja. El horror se demuestra abriendo mucho los ojos y frunciendo los labios. Pero el enemigo de la *cuntintizza* también sabe disimular el desdén y la desaprobación con forzadas sonrisas de conveniencia. A veces, sus palabras de esperanza y consentimiento se contradicen con miradas dudosas y encogimientos de hombros.

El enemigo de la *cuntintizza* abandona todas las reservas en la mesa. No importa lo buena que sea la comida, con cuánta elegancia esté puesta la mesa, cuántos platos se sirvan. Si está decidido a destruir la atmósfera alegre, siempre lo consigue. Comienza con una alusión leve: «¡La pasta está demasiado hecha, pero la salsa es deliciosa!». Luego pasa al vino, toma un sorbo, chasquea los labios, mira a la persona sentada frente a él, chasquea los labios con más fuerza aún para llamar su atención y cuando lo consigue frunce las cejas y las comisuras de la boca: «He tratado de degustarlo, pero no hay nada bueno en este vino».

En las cenas formales, cuando la mesa está decorada de punta en blanco con flores y la mejor cubertería, el enemigo de la *cuntintizza* observa la distancia entre las macetas de flores, controla que los cestillos de pan sean idénticos, comprueba que los saleros y los pimenteros estén todos llenos al mismo nivel. Y cuando se sirve pimienta en polvo, el enemigo de la *cuntintizza* deja el pimentero con un suspiro: «Con el molinillo es otra cosa».

El enemigo de la *cuntintizza* suele encarnizarse con jóvenes y ancianos, y menos con la gente de su edad. Los primeros no están acostumbrados a las mesas de los mayores, a la vida de salón, a las funciones sociales, y ante su primer error o torpeza el ojo del enemigo de la *cuntintizza* los deja helados y presa de la vergüenza. A los ancianos frecuentemente les falla la lucidez y no reaccionan ante sus pesadas frases, despiadadas a veces.

Otras veces los enemigos de la *cuntintizza* prefieren hacer corrillos, por lo general contra una pared o cerca de una ventana que también puede servirles de un espejo para espiar a las personas que tienen enfrente. Fingen hablar entre ellos, pero en realidad miran de arriba abajo a todos los presentes y comentan con su lenguaje furtivo: «Fíjate en eso».

Suele seguir un sarcástico «Bah...» acompañado del arqueamiento de las cejas o los labios apretados; o el fruncir de la frente es suficiente para enviar el mensaje a personas lejanas dispuestas a captarlo.

Por último, con el rostro inmóvil, el enemigo de la *cuntintizza* sisea un «*Talè*!», mira, que, según cómo se diga, puede resumir en dos sílabas una gran variedad de frases y palabras italianas: «Tú fíjate en ese desgraciado», «Es un impostor», «¡Cómo se atreve a comportarse así!», «¡No me creo una sola palabra de lo que dice!», «¿Dónde habrá encontrado a una mujer tan hermosa?», «¡Ha tenido muchísima suerte y no se la merece!». Parece estar viendo actuar a unos actores. «Cosas del otro mundo», dicen mientras dos jóvenes enamorados se acarician el rostro; «*Moru moru*», ay que me muero, cuando una hermosa mujer da un paso al frente con tacones muy altos y con cada paso parece estar a punto de caerse.

Los enemigos de la *cuntintizza* también son astutos y saben cómo enredar, especialmente cuando pretenden obtener algo que les importa. Se las arreglan para parecer generosos y amigables, aunque nunca dure mucho. Saben mantener el control. A menudo he podido notar en las recepciones la delicadeza y la camaradería de personas que creía enemigas de la *cuntintizza*, pero que se mostraban amigables, alegres y alentadoras, por ejemplo, con personas del continente que esperaban comprar una casa de vacaciones o un palacio en Palermo para vivir allí. Luego se alejaban, cansados de fingir, y de repente era el hombre generalmente quien tiraba del brazo a su mujer y le susurraba cosas que despertaban en ella cierta consternación. Después de haber desahogado su disgusto, volvían al ataque con una sonrisa angelical.

Es triste constatar que los enemigos de la *cuntintizza* transmiten su manera de hacer las cosas a sus hijos. Su comportamiento es el del maestro que enseña al alumno cómo desencadenar las hostilidades contra la propia felicidad y la de los demás.

Cuántas veces, en alguna recepción, he visto en un rincón de la sala a un profesional dirigirse con tono acalorado a su hijo, a quien está formando en el negocio familiar: con las piernas abiertas, los pies muy separados, los hombros encorvados, la cabeza gacha, el padre habla gesticulando como si quisiera darle una paliza a su hijo, pero se viera obligado a contenerse. Entonces, de repente, desaparece. El joven, todavía conmocionado, se reúne con sus amigos, vuelve a sonreír, trata de olvidar las palabras de su padre, quien sigue observándolo fijamente desde lejos con mirada aviesa. El chico lo nota, pero no se atreve a acercarse al enemigo de la *cuntintizza*. Siempre me ha sorprendido ver como estos núcleos familiares tan cargados de tensiones se esfuerzan por dar hacia el exterior la imagen de una familia unida.

Una amiga mía había sido adoptada por sus tíos paternos, conocidos por ser grandes enemigos de la *cuntintizza*. La mandaron a colegios privados carísimos, le daban grandes sumas de dinero que gastarse en comprar ropa bonita, para reprocharle luego sus gustos caros, recordándole que nació pobre y sola y que debía aprender a ahorrar.

Cuando mi amiga se fue a vivir fuera de casa para asistir a la Universidad de Padua, me dijo que echaba en falta sus críticas y sus reproches: «A veces creo que me gustaría volver con ellos durante una temporada; aquí la vida es demasiado plana, no hay altibajos».

En mi interior, yo sabía que tarde o temprano ella también acabaría comportándose como sus tíos en relación con sus hijos, pero evité responderle y cambié de tema. Muchas amistades corren el riesgo de romperse a causa de personas que tratan de ayudar de buena fe, pero que no saben cómo hacerlo. En esos casos es preferible el silencio, que no es connivencia sino apoyo.

Divagación sobre la envidia

La envidia *sbummica* se desborda cuando el envidioso ve que otros, a los que considera inferiores e incapaces en comparación con él, obtienen lo que él cree merecerse: un puesto de trabajo, un matrimonio con una heredera, una hermosa casa... Su reacción es, pues, denigrar al prójimo, unas veces públicamente, otras de manera solapada.

La envidia desgasta al envidioso, esparce un aire tóxico a su alrededor y su negatividad infecta a sus seres queridos.

A diferencia de la maldad, la envidia no es contagiosa, y los envidiosos, a diferencia de las malas personas, no forman corrillos ni deambulan en grupos. Hay mucha soledad en este triste pecado.

¿Pueden ir de la mano la maldad y la bondad?

¿Que estoy exagerando? No lo creo. Hagamos composición de lugar. Busquemos, en nuestro catálogo de los seres humanos, incluidos familiares, amigos, todos. Las malas personas pueden albergar sentimientos de cariño hacia alguien, pero nunca podrán llegar a ser buenas, y lo mismo ocurre con las buenas personas, que muchas veces sufren por la maldad de los demás, pero si tratan de reaccionar con las mismas armas lo hacen de manera desmañada e ineficaz.

Los buenos logran disfrutar de la vida aun cuando esta sea sufrida, tratan siempre de hacer el bien y ven la belleza incluso donde es difícil notarla. Los malos, por el contrario, son a menudo completamente incapaces de reconocer y disfrutar de la bondad y de la belleza.

Ese algo blando, esa bolita de azúcar con aroma a canela que está en el fondo del alma, es materia demasiado delicada, que no se deja contemplar por quien siente con más fuerza la urgencia de hacer el mal, aun cuando el propio mal sea tan pequeño como esa bolita de azúcar.

Creemos que las personas ricas y poderosas son felices. En realidad, la inseguridad, el peso del poder y el miedo a la competencia de los demás (tanto de personas de la misma clase como de personas menos influyentes y ricas) disipan una buena parte de la *cuntintizza* de la que el hombre común cree que disfrutan sin duda los privilegiados.

Se dice que con el estómago vacío no se conoce la *cuntintizza*. No estoy convencida de ello. Los pobres que lo son desde hace generaciones tienen su propia dignidad y saben disfrutar de lo poco que está a su alcance. Los nuevos pobres, en cambio, son a menudo diferentes: persistentes y agresivos. Con todo, hay excepciones. Si el pobre también es malo, lo más probable es que sea el resultado de un proceso: delinque como si no tuviera conciencia. Considera que tiene derecho a obtener lo que muchos otros poseen sin mérito.

En otros tiempos eran los pobres los que tenían familias numerosas, mientras que los ricos, por miedo a tener que repartir su patrimonio, preferían tener pocos hijos. De hecho, en la antigua Sicilia, a las hijas recién nacidas se las asesinaba asfixiándolas con un paño húmedo.

Sostiene Esopo

A los enemigos de la *cuntintizza* les resultaría útil conocer la historia del campesino y la serpiente, que el griego Esopo escribió hace más de dos mil quinientos años. La fábula cuenta que un viejo campesino, durante la estación invernal, encontró en una grieta del terreno una serpiente aterida de frío. Sintiendo compasión por ella, la recogió y la colocó sobre su pecho para calentarla. Cuando la serpiente se recuperó, volvió a su propia naturaleza y mordió a su benefactor. Antes de morir, el granjero murmuró. «Recibo lo que merezco, no debí sentir compasión por esa serpiente malvada».

Esopo nos enseña que los malvados nunca cambian excepto para peor, y debemos alejarnos de ellos porque son peligrosos, especialmente cuando son tratados con extrema bondad.

Los enemigos modernos
de la *cuntintizza*

De niña me preguntaba qué hacían los enemigos de la *cuntintizza*. Me imaginaba que eran guardias de prisiones, o maestros severos e injustos que trataban bien solo a sus alumnos favoritos o a los recomendados. Hoy considero que los tiburones financieros y los traficantes de seres humanos son enemigos de la *cuntintizza*. Confío en que vivan con el terror de morir e ir al infierno.

Quien vive una vida de *cuntintizza* muere resignado, cuando no feliz

En cambio, los que llevan una vida rica de *cuntintizza* la conservan hasta la muerte, que aceptan en todo caso. Mi madre me contaba cosas de su madre, la abuela Maria, muerta con solo cincuenta y seis años de una enfermedad entonces incurable. Sus últimas palabras a sus hijos fueron: «No tenéis idea de lo dulce que es morir».

Is he worthy of you?

Esta pregunta fue la mayor lección que me dio Eve Arnold. Su legado moral.

La cosa ocurrió así.

Durante los últimos meses de sus noventa y seis años, Eve Arnold vivía en una residencia de ancianos, no muy lejos de mi casa. Yo iba allí a verla cuando podía, sin previo aviso, sola. Eve había perdido lucidez, pero no del todo. A menudo, cuando yo llegaba, se había quedado dormida, así que me sentaba a su lado y leía el periódico o un libro. De vez en cuando la miraba o le acariciaba la mano o la mejilla. A veces estaba en su propio mundo, hablando sin freno sobre el pasado y el presente, inquieta en ocasiones. Yo trataba de relacionar sus palabras con conversaciones que habíamos tenido y con hechos de su vida que me había contado: sobre su madre, sobre sus hermanos y hermanas, sobre la pobreza en la que vivieron de niños y sobre sus nietos.

A menudo la encontraba en la cama apoyada contra las almohadas, con *The Guardian* en sus manos cual breviario. Hacía años que ya no podía leer, pero se lo traían todas las mañanas y ella se limitaba a echarle un vistazo. Se lo leían en voz alta las personas que la visitaban, o Linni Campbell, su ayudante durante cuarenta años, una mujer que no solo había trabajado de forma excelente para ella durante mucho tiempo, sino que ahora la cuidaba con amor filial.

El 22 de diciembre de 2012 pasé por la casa de reposo para saludarla. Eve parecía dormida. Le había llevado unos claveles y se los pasé debajo de la nariz, con la esperanza de que el aroma le despertara el olfato, que es a menudo el que conservamos incluso cuando los otros sentidos se desvanecen o desaparecen. No hubo ninguna señal. Traté de llamar su atención para enseñárselos en el jarrón en el que los había colocado. Levantó un párpado, masculló algo —*Pretty*, pensé que había dicho, pero tal vez me lo imaginé— y luego lo cerró de nuevo. Me quedé a su lado como siempre y me puse a hojear distraídamente *The Guardian*. La miraba de vez en cuando, como si fuera un recién nacido al que había que vigilar. No tenía el ojo completamente cerrado y le acaricié la mano. Parecía oír y comprender. El párpado se cerró, sin embargo, y volví al periódico. Pero me sentí observada. Y, en efecto, giró la cabeza y levantó ambos párpados. Se me quedó mirando.

«Tienes algo que decirme, me parece», soltó de repente. «Habla».

Había dado en el blanco: me había invitado a cenar un hombre que me gustaba mucho, pero sobre el que tenía mis reservas. Le expliqué la situación sin descuidar ningún detalle. Ella me escuchaba en silencio, grababa, analizaba, enfocaba como una cámara fotográfica. Me pedía que le repitiera algunas cosas, me hacía preguntas y luego me invitaba a continuar. Hizo lo mismo que cuando llevó a Silvana Mangano al MoMA de Nueva York y la siguió sacándole una foto tras otra. Cuando pensó que había terminado me preguntó de repente, como una última apertura del objetivo: «*Is he worthy of you?*», «¿Es digno de ti?».

La pregunta me dejó sin habla. La verdad es que no tenía ni idea: nunca me lo había planteado.

Me sermoneó. «Esa es la pregunta que tienes que hacerte con quienquiera con quien tengas trato: si es digno de ti. Él. Nunca te preguntes lo contrario, si tú eres digna de él. Nunca. Si un hombre es digno de ti, vale la pena intentar conseguirlo. Pero no a toda costa. Nunca».

«Y si no lo es», fui tan ingenua como para preguntar, «¿qué hago?».

«Lo sabes perfectamente», dijo con severidad, y no añadió nada más.

Desde entonces, he alentado a mis clientes en el bufete de abogados, hombres y mujeres, amigos o extraños, a hacerse esa pregunta. Los he animado a valorarse y a darse la importancia que tienen, a interrogarse y a reafirmarse a sí mismos para responder con absoluta conciencia. Se trata de una pregunta fundamental en las relaciones amorosas y resolvería la mayor parte de las tragedias provocadas por la violencia de pareja, si la víctima se la formulara con claridad. Es válido en las relaciones afectivas, pero también en las de amistad y de trabajo, o en las que se crean dentro de los clanes a los que pertenecemos, sin darnos cuenta.

Eva me enseñó a respetarme como ser humano, y conservo desde entonces una plenitud moral que aún actúa bajo mi piel.

¿Y qué más decir de Eve? Que fue una gran mujer, por encima incluso de una gran fotógrafa y escritora.

Nel blu dipinto di blu

La *cuntintizza* no es capaz de ocultarse ni de quedarse quieta; podemos contenerla un rato, pero luego hay que compartirla, siempre. La persona descontenta mira y calla, lívida. Si tiene que contestar, dice «sí» o «no», pero nunca «gracias». La persona contenta, en cambio, habla, si no habla sonríe, y si no puede sonreír con la boca sonríe con los ojos, pero siempre hay una sonrisa, es irreprimible.

La *cuntintizza* es contagiosa, se transmite entre los niños incluso sin palabras, las miradas y las sonrisas son suficientes para comunicarla a la perfección.

Un verano, Patrizia, una amiga mía caribeña, vino a Sicilia con su hijo Benjamin, de cuatro años. Lo llevamos a un círculo recreativo de la playa, donde los niños presentes, todos mayores que él, lo miraban con curiosidad a causa del color de su piel.

Él se comunicaba con ellos mediante gestos, y terminó organizando un juego que consistía en correr entre las filas de sombrillas en zigzag, para llegar a la fuente de agua: el primero en tocarla era el ganador. Los niños cubrían el mismo recorrido una y otra vez. Si uno cometía un error, Ben le indicaba el camino que debía seguir. La *cuntintizza* de sus maravillosos ojos había contagiado a los demás niños, cuyas miradas y sonrisas delataban la misma alegría.

Después de incontables vueltas, los acalorados corredores se reunieron alrededor de Ben y de mí. Justo en ese momento empezó a sonar por los altavoces del establecimiento la canción *Nel blu dipinto di blu.* Los niños italianos *s'annacavano,* se balanceaban cantando junto con Modugno, y Ben se unió al coro como si fueran todos hermanos, con los brazos entrelazados. Luego volvieron a jugar.

Al cabo de un rato se me acercó una niña, toda sudorosa y visiblemente preocupada. «Disculpe, ¿puede preguntarle si puedo irme?», me pregunto. «La abuela me está llamando, ¿puede explicárselo?» Traduje sus palabras para Ben, quien dijo solemnemente: «*She can go*». Los dos se despidieron con un abrazo.

La *cuntintizza* también puede ser amor

La *cuntintizza* también puede expresar el amor entre niños, que toca los sentidos sin tener nada de sexual.

Cuando yo iba de niña a Palermo y veía a mis primos, Silvano y yo nos agarrábamos de los lóbulos de las orejas y empezábamos a tirarnos de ellas muertos de risa. Los adultos tenían que separarnos, porque hubiéramos seguido así durante horas.

Cuando teníamos que despedirnos, después de las vacaciones, para no separarnos, nos atábamos por las piernas y nos escondíamos en los armarios de la casa, confiando en que no nos encontraran. Incluso ese quedarnos a oscuras y estar atados nos daba alegría por la esperanza que abrigábamos de obtener lo que queríamos, algo que nunca sucedió.

Felicidad frente a *cuntintizza*

La felicidad y la infelicidad tienen vibraciones emotivas muy altas, las más intensas que pueden registrarse, junto con las producidas por el dolor físico o las relacionadas con la enfermedad y la muerte. La *cuntintizza* se manifiesta en el registro leve, y lo mismo ocurre con la *scuntintizza*. Tanto una como otra pueden convertirse en felicidad o en un gran dolor, ambos intensos, de breve duración —sobre todo la felicidad— y casi incontenibles.

Un día, Marisa, una amiga mía, recibió una llamada telefónica anónima de una voz femenina que le decía: «Tú crees que tu marido te es fiel, pero ama a otra». La otra era una compañera de trabajo de su marido, de quien mi amiga ya sospechaba que estaba al acecho.

Tras la llamada telefónica, Marisa fue a rebuscar entre todas las fotografías que la retrataban con él en momentos felices y le garabateó la cara y el pelo con un rotulador. Con cada garabato se calmaba un poco más. Mientras tanto, había recibido una llamada telefónica de su marido: le comunicaba secamente que estaba a punto de irse a otra ciudad a causa de un inesperado compromiso de trabajo y que se quedaría allí una semana por lo menos.

Después de apagar el móvil, Marisa se sintió ligera, invadida por una gran calma, tanto que se dijo a sí misma: «Si esto sigue así, en unos días encontraré mi contentamiento». Y así sucedió: se dedicó a preparar platos que a su marido no le gustaban, salía con sus amigas, hacía las pequeñas cosas que le daban *cuntintizza* y a las que había renunciado por él. Y, sabiamente, también fue a ver a un abogado matrimonialista.

La Navidad era un momento de inmensa felicidad para mí, pero no por el árbol y ni siquiera por los regalos.

Mi prima Maria y yo desafinamos las dos y de niñas teníamos prohibido cantar durante todo el año, mientras que las actuaciones canoras de nuestras hermanas menores, que tenían una voz preciosa, eran muy bien recibidas. Por desgracia, mi madre formaba parte de esa mayoría que no quería escucharnos. Pero el 24 de diciembre se hacía una excepción y siempre se nos permitía cantar en el vestíbulo de la casa del tío Giovanni, el hermano mayor de mamá, un excelente pianista que se veía obligado aquel día a padecer nuestra cacofonía.

Desafortunadamente, Maria ha borrado por completo nuestros villancicos de Nochebuena, mientras que yo guardo un vívido recuerdo de ellos. Pero nos queremos y no discutimos por tan poca cosa. Es una lástima, sin embargo, que ella no tenga memoria de aquello, ¡con lo felices que éramos de poder entonar las canciones religiosas!

La *cuntintizza* puede desembocar en felicidad, como ocurría en Navidad. La diferencia entre *cuntintizza* y felicidad es muy sencilla: quien se siente contento guarda siempre conciencia de lo que le rodea, mientras que la felicidad debe ser absoluta. La felicidad cancela todo lo demás durante unos breves momentos, y también lo hace su contrario, la infelicidad, que en realidad rara vez rompe el corazón. Por ejemplo, la *cuntintizza* en Navidad daba paso a la glotonería, de modo que abríamos los regalos mientras nos comíamos los dulces propios de la celebración. Por el contrario, cuando cantábamos y éramos felices, teníamos la voz ronca pero no queríamos ni un vaso de agua porque estábamos totalmente entregadas al canto.

Cuntintizza frente a pasión

Ya de adulta entendí mejor esos mitos griegos en los que las personas morían o mataban a otras por pasión (o loco amor). Paris raptó a Elena y a causa de esa unión se desató una guerra que duró diez años.

La virgen de la inocencia

No hay bondad en la mitología clásica. La única diosa que intentó llevar la bondad a la tierra fue Astrea, hija de Zeus y Temis, diosa virgen de la inocencia y de la pureza. Intentó difundirla, en la edad de oro, pero se vio obligada a esconderse en el campo, trastornada por la crueldad y la miseria humanas. Eligió regresar al cielo y allí empezó a resplandecer en la constelación de Virgo. En definitiva, Astrea no pudo sobrevivir a la Edad del Hierro, «empapada en sangre», como dice Ovidio.

Filemón y Baucis

Los mitos, ya se sabe, son drásticos. Y, sin embargo, incluso desde la lúgubre moral de la Antigüedad nos llegan imágenes de calidez y afecto, como en la historia, también transmitida por Ovidio, de Filemón y Baucis, una feliz pareja de ancianos que acogen a los viajeros, les lavan los pies y les ofrecen comida del campo. Son, por tanto, los heraldos de la más humilde y exquisita hospitalidad. En esos gestos, en ese cuidado, se advierte un consuelo interior, una paz que parece referirse precisamente a nuestra *cuntintizza*.

Entre los viajeros de paso también se contaron Hermes y Zeus quienes, agradecidos, transformaron a los dos ancianos al borde de la muerte en un roble y un tilo *avviticchiati*, entrelazados en un solo tronco.

Lo cierto es que la *cuntintizza* no le hace daño a nadie, no exige nada y se adapta al bien de los demás. Todo el mundo quiere a los que están contentos.

Scuntintizza frente a mezquindad

De la misma manera, la *scuntintizza* se invierte fácilmente, a pesar de ser algo malo. Por ejemplo, la persona descontenta no es mala, puede ser aburrida, biliosa, insistente, maloliente, irritante. La persona eternamente descontenta no debe ser imitada o alentada ciertamente, pero hace poco daño; de hecho, tal vez no lo haga realmente.

Y en todo caso, la gente descontenta no nace, se hace.

OTRAS PERSONAS

Rino

A veces paseo por Palermo con Rino, mi compañero de la época de la universidad: hablamos de la ciudad, de cómo va el mundo y tal vez incluso de nuestros propios asuntos. Él, Elio y yo, otro compañero, estudiábamos juntos y formábamos un trío muy unido. Luego, a los veintiún años, me casé y me fui a vivir con mi marido a Boston.

Rino y yo hemos vivido separados, con vidas diferentes, pero no en todo: Rino era juez militar (llegó a ser presidente de tribunal) y yo era abogada. La vida no ha sido fácil ni para él ni para mí, hemos tenido nuestros dolores, nuestras pérdidas. Pero nos gusta mucho Palermo, nos gusta mucho caminar por nuestra ciudad. Creemos en Palermo y en nuestra Sicilia, y Rino lo demuestra en sus hermosos libros de historia, mientras que yo trato de hacer lo mismo en mis novelas.

Únicamente una vez hablamos de nuestros hijos enfermos, y fue suficiente, una sola vez. Sabemos que cuando caminamos y permanecemos en silencio, nuestros pensamientos van hacia ellos. Y es entonces cuando nos visita una paz profunda, que nos consuela y nos conmueve.

Sally Greengross

La conozco desde hace cuarenta años y es tal vez la mujer a la que más admiro en el mundo, un brillante ejemplo de esposa, madre trabajadora y bienhechora.

En 1971, Sally fue elegida miembro de la Cámara de los Lores por el trabajo de toda una vida en favor de los ancianos. Con el Longevity Centre ha creado una red mundial de apoyo a la vejez. Desde que se jubiló, ha recibido varios doctorados honoris causa y premios por su dedicación y perseverancia.

Nos conocimos cuando ella era jueza y yo abogada y nos encontramos frente a un cuadro en la Tate Gallery de Londres. A partir de ahí nos hicimos amigas y hace años escribimos juntas un librito sobre la sexualidad de los mayores.

En nuestros paseos por Hyde Park hablamos del pasado, nos reímos del futuro que aún nos apasiona, pero somos conscientes de que a nuestra edad ya no podemos hacer lo que hacíamos en otros tiempos.

Durante esos paseos evocamos los años en los que nos dedicamos a la política, cuando realmente intentábamos cambiar el mundo. Ella, efectivamente, tuvo éxito en ese intento, yo mucho menos.

Paul Tofahrn

Cuando vivía en Dulwich en los años setenta, trabé amistad con Paul Tofahrn, un sindicalista belga fallecido en 1979, y con su mujer. Estaba jubilado como secretario general de la International Federation of Employees in Public and Civil Services, y su mujer era una socialista que había trabajado con Rosa Luxemburgo. Eran una pareja feliz y muy unida.

A veces iba a ayudarlos a su casa y notaba que dormían en habitaciones separadas. Le pregunté a la mujer por qué y ella respondió: «Nos llamamos de una habitación a otra y luego o voy yo a la suya o viene él a la mía». Luego se sonrojó un poco y dijo: «A veces soy yo quien salgo de mi habitación, voy a la suya y llamo la puerta preguntando: "¿Me has llamado?"».

«¿Y qué hace él?», pregunté indiscretamente.

«Él se levanta y me da la bienvenida», respondió ella, sonrojándose.

NUEVA INCURSIÓN EN LA COCINA Y EN SUS INMEDIATOS ALREDEDORES

En la cocina de adulta

A medida que crecemos, muchas cosas cambian, evolucionan y adquieren un aspecto diferente, y lo mismo sucede en la cocina. Nuestra forma de cocinar cambia. Con el tiempo se establece un vínculo con los ingredientes que utilizamos, aprendemos a conocerlos, a elegirlos, a tratarlos e incluso a entenderlos.

Esto sucede cuando desarrollas cierta experiencia sobre el terreno, en este caso en la cocina. Es la experiencia la que te permite entender por el olor cuando un plato está listo y ya no necesitas medir el tiempo.

Es también la experiencia la que te hace dejar de usar recetas demasiado esquemáticas y te da la desenvoltura para cocinar «a ojo» y establecer tu propio «al gusto». La experiencia dilata el espacio de tu acción y te hace libre —nada más y nada menos—, incluso en la cocina.

Cocinar es una terapia. Cuando estoy deprimida o fuera de mí a causa de la rabia, me refugio entre los hornillos. Cocinar me mantiene ocupada y me llena de satisfacción. Saboreo un plato terminado, admiro la belleza de un postre decorado: el esfuerzo que veo premiado me ayuda a sentirme mejor.

La forma de cocinar puede cambiar en el curso de la vida, puede enriquecerse, puede sufrir nuevas contaminaciones, puede acoger ideas de otros países. Es importante no perder de vista las tradiciones, pero es estimulante también renovarlas con tendencias más modernas, en busca de nuevos equilibrios. Me encanta cocinar de manera abierta y dinámica.

La cocina actual tiende a ser muy rebuscada, estudiada y pierde a veces de vista la belleza de la sencillez. Cuando lo hablo con

Simonetta, hay un aspecto que nos exaspera mucho a las dos: las microrraciones, ¡el timo de la cocina moderna! Es como si el apetito de cada uno de nosotros estuviera determinado a priori, impidiéndonos elegir entre dejar lo que no nos gusta o repetir de lo que nos gusta.

Una peculiaridad de la cocina contemporánea es presentar porciones reducidas y ya preparadas en el plato, dando así poder a quien nos sirve para decidir qué cantidad de comida ofrece y cómo. Sin duda, una afrenta para todos los «buenos saques», a quienes se les niega la posibilidad de complacer su deseo.

Con Simonetta bromeamos a veces sobre el emplatado, que ella odia tanto como las microrraciones. En memoria de la libertad de prepararse su propio plato, se opone a lo que considera un camelo. «Hay que devolverles a todos el derecho a prepararse su plato», me dice.

Me río, pero debo reconocer que al final me ha convencido: el emplatado es un desafío estético, el plato libre no desafía más que el gusto y el apetito.

Ecovirtuosa

Los ingleses disponen de una extraordinaria variedad de cuberterías, y sobre todo de cucharas de diferentes formas para los usos más dispares. La cuchara puntiaguda se usa con el pomelo, la plana con el helado, la pequeña y redonda con el café. Además del aspecto práctico, hay una especie de delicada pasión en el maridaje de la cuchara adecuada: demuestra respeto por la comida.

Otra forma de respeto, más profunda que las demás, es no tirar nunca la comida, sino conservarla y reciclarla. En este sentido, el congelador nos echa una mano preciosa. Mi cubo de basura casi nunca contiene restos de comida, y me siento feliz de hacer algo útil para la sociedad evitando al máximo el desperdicio.

La poca comida que hay que tirar, la recojo en las bolsas especiales de reciclaje y la tiro en las papeleras de la calle. Me siento ecovirtuosa.

Charity shops

Melina era una costurera que se pasaba meses en nuestra casa cuando vivíamos en Agrigento. Cosía vestidos y uniformes para nosotras las niñas y para las sirvientas, sabía remodelar abrigos y trajes, acortar pantalones y hacer fundas para los sofás de la sala de estar. También era una remendadora muy hábil de la ropa de casa. Tenía una mano ligera, y los remiendos de sábanas y toallas parecían bordados.

Yo heredaba los abrigos de mi prima Maria, tres años mayor que yo, y su ropa. Recuerdo uno de pelo de camello que antes perteneció a la tía Teresa, la hermana mayor de mamá. En un primer momento lo remodelaron, cuando aún pertenecía a la tía Teresa; luego fue descosido y rehecho para Maria y por último pasó a mí: sentía que lo que llevaba sobre mis hombros no era un simple abrigo, sino un patrimonio cultural de mi familia. Me sentía honrada de que la tía Teresa y Maria lo hubieran usado antes que yo. También llevaba los vestidos viejos de Maria. Si los rompía, lo que ocurría a menudo porque trepaba por los árboles, se remendaban. Y entonces me parecían aún más valiosos.

Toda la ropa pasaba de generación en generación, a excepción de los zapatos porque, como decía mi madre, «los pies son fundamentales y deben estar cómodos». Usar esos vestidos hacía que me sintiera importante y parte de la vida de quien los había llevado antes que yo, y a menudo, cuando acariciaba mi vestido heredado, era como si acariciara a todas las dueñas anteriores y me sentía feliz.

Cuando me fui a vivir al extranjero, me di cuenta de que echaba de menos la ropa de los demás: ¿de quién la heredaría? De aquel asunto se encargaron las *charity shops*, tiendas benéficas a las que voy regularmente para renovar mi guardarropa. Gracias a ellas pude recrear el mundo de mi juventud. Ya no están mi madre, mis tías ni mi prima que me dan ropa usada, pero hay otras mujeres desconocidas que me pasan sus vestidos, zapatos, abrigos, libros, vasos, platos, bisutería. Me atraen particularmente las cosas remendadas o arregladas. La cafetera plateada comprada en la *charity shop* tiene un asa de metal visiblemente postiza: la original probablemente estuviera hecha de hueso negro. Y pienso muchas veces en el ingenio del antiguo dueño de la cafetera que la reemplazó por un asa de metal, menos modesta que la preexistente. Esto hace que el objeto sea aún más precioso a mis ojos.

Sin duda, ir a las *charity shops* te ayuda a sumar un Mayor el mundo inglés. Hay algo en esos lugares que me acerca a la mentalidad del pueblo británico, a esa predisposición natural a evitar cualquier despilfarro, realzando el valor de cosas que acaso han sido compañeras de una larga y amorosa tradición, o que pertenecieron a unos viejos padres.

La crema amarilla, la «reina»

Estoy en la cocina de nuestra casa de campo en San Basilio. Es invierno y fuera hace frío, y la memoria viaja a una receta ligada a mi infancia y a lo que en otros tiempos se llamaba «la hora de la merienda», ese momento de la tarde en el que apetece algo calentito, que sea dulce y reconfortante al mismo tiempo.

La «crema amarilla» es uno de los mejores postres que he probado: «la reina de las cremas», no podría encontrar una definición mejor. Es la calidad de los pocos ingredientes que lo componen lo que marca la diferencia: usar huevos frescos y leche recién ordeñada la hace sublime.

Aprendí pronto a prepararla, pues junto con la masa quebrada se cuenta entre los primeros postres que me animé a hacer. Probarla me sigue devolviendo a aquellos días de infancia rural, cuando en invierno, como oscurecía temprano, todos estaban en casa y se preparaban postres. Nunca hubo desacuerdo alguno entre nosotros acerca de la reina de las cremas.

La cocina de la casa campestre es de tonos azules y blancos, con azulejos florales. En el centro destaca una gran mesa de mármol con sillas de madera pintadas de blanco a su alrededor, y a lo largo de las paredes armarios llenos de utensilios antiguos, almacenados junto con los más nuevos y modernos, recopilados por papá a lo largo de los años. Un entorno rústico que es en sí mismo motivo de disfrute y consuelo.

En aquella época, la cocina daba a la sala de estar, frente a la chimenea encendida, y ese era el lugar más adecuado para disfrutar la crema en tazas calientes y fragantes. Estábamos todos juntos, al calorcito, cómodamente agachados, con la mirada fija en la llama hipnótica de los tizones de madera. A lo lejos, por detrás del cristal empañado de la ventana, solo se oía el ladrido de los perros en la oscuridad de los campos al raso.

La crema amarilla está hecha de pocos y esenciales ingredientes: leche entera, yemas de huevo, azúcar y harina. Se prepara en parte en frío y en parte al fuego, removiéndola constantemente para evitar la formación de grumos: si sale bien, queda suave y reluciente.

Debe ser consistente pero nunca sólida, dulce pero no demasiado, suave y delicada. Su máxima expresión se alcanza cuando se ralla por encima la piel de un limón recién cogido y no demasiado maduro (si está verde mejor aún), removiéndola con el fuego apagado. El aroma que desprende cuando la cáscara se amalgama con los demás ingredientes es sublime.

La crema nunca se consume en un platito, sino que, al ser bastante líquida cuando está caliente, la primera degustación ha de ser en una taza de café. A medida que se enfría, su aroma se desvanece hasta desaparecer prácticamente, para mi disgusto.

La crema amarilla es la base de la pastelería: la mignon, como las pastas y los petisúes, pero también para tartas y bizcochos.

En una taza, recién hecha, dejadme que os lo diga, no le teme a ningún rival, ni siquiera a la alta pastelería.

Cannameli

La mayoría de las familias de agricultores sicilianos pasaban sus vacaciones de verano en sus propios campos. Durante años oí hablar a mi abuelo y a los primos de mi padre de Cannameli, una finca donde iba de vacaciones la familia Agnello, sus ocho hijos varones, todos con sus respectivas familias. Durante la guerra, los estadounidenses se apoderaron de ella y la casa quedó casi destruida.

Nunca había estado allí, pero un día mi padre decidió pasar por Cannameli. La carreterilla era muy accidentada y a lo lejos se adivinaba el recorrido de un torrente, marcado por un cañaveral. De ahí viene su nombre: *cannameli* era la caña de azúcar importada por los árabes cuando llegaron a Sicilia en el siglo VIII. Desde la isla se exportaba azúcar a toda Europa.

Disfruté de esa peregrinación al lugar donde mis antepasados pasaban el verano, pero fue muy triste ver los edificios abandonados. Papá, sin embargo, empezó entonces a contarnos historias de cuando era pequeño; algunas eran graciosas y me parecía como si de repente esos personajes, muertos pero vivos en nuestra memoria, estuvieran a punto de aparecer entre los juncos.

Chupar la algarroba

Es raro que en el campo quede algo por recoger aquí y allá, porque los campos están destinados por entero a producir productos para la mesa de los dueños de la tierra. Sin embargo, no deja de haber árboles —solitarios, a veces en el límite entre dos campos, otras a lo largo de las *trazzere,* los caminos— que dan frutos: el acerolo, con sus frutitos de sabor ligeramente ácido, perfumado y sabroso, y los algarrobos. Estos son árboles grandes cuyas largas vainas solían usarse para alimentar al ganado, pero nosotros las recogíamos, las chupábamos con extraordinaria intensidad y luego escupíamos la fibra.

Tenía nueve años cuando vino como invitada a casa una pariente lejana, una quinceañera curvilínea de la que mi primo Gaspare, que tenía su edad, se enamoró profundamente. Recuerdo una escena que aún hoy representa perfectamente la seducción para mí. Después de ofrecerle unas acerolas, Gaspare se acercó a un gran árbol, arrancó una algarroba de la rama y se la entregó. La chica la chupó mientras miraba a quienes la rodeaban, luego fijó su mirada en la de él. Gaspare fingió no hacerle caso por un momento y después se acercó a ella. Yo los observaba desde lejos, pero no creo que llegaran a intercambiar ninguna palabra. Ella le pasó la algarroba y él la chupó. Se mantuvieron a distancia, luego regresaron a sus lugares en el grupo, pero de vez en cuando se miraban. Tuve que apartar la vista de ellos: estaba locamente enamorado de mi apuesto primo y verlos así me resultaba intensamente doloroso.

Ahora entiendo que esa fue la primera vez que me excité, y me provocó placer a pesar de la decepción.

Much of a muchness

Hasta que me fui a vivir a Zambia en 1968, en mi mesa se servía comida local y de temporada. En verano reinaban los tomates, que terminaban en la mesa todos los días, en ensaladas y en la salsa de los espaguetis.

De otoño a primavera, sin embargo, la salsa de tomate, conservada en tarros de cristal, era un manjar y una rareza. Se usaba en su mayor parte en conservas preparadas al final del verano hirviéndolas en botellas para que duraran todo el invierno. Esa salsa era suave y en mi opinión sabía a vieja. Prefería con mucho la de verano.

En invierno se comían sopas a base de legumbres secas —judías, garbanzos y lentejas— enriquecidas con col, *accia*, es decir, apio, fresco, junto con los omnipresentes cebolla y ajo.

Hoy en la mesa ya no se come siguiendo las estaciones, en los supermercados y puestos de mercado se puede encontrar siempre de todo. La monotonía de nuestra cocina me horroriza. No hay deseo que no se pueda cumplir, mientras que es agradable no comer siempre lo mismo y cambiar de menú. Es como si los productos de invernadero exprimieran a la naturaleza lo que la naturaleza no puede dar según su propio ritmo. *Much of a muchness*, el exceso es excesivo.

Y cuando no vienen de invernaderos se importan de países lejanísimos. No pensamos que los recursos para producirlos y transportarlos son caros, y de esta forma dañamos al planeta.

El cillero

En la casa de Agrigento entrabas en el cillero y se notaba el olor a aceite de oliva recién exprimido, espeso, pesado, embriagador. Luego se percibía el del vinagre casero, a veces un poco rancio, que parecía equilibrar casi la sensual untuosidad del aceite con su propia acidez.

También estaban los membrillos, que se dejaban secar durante el invierno. El membrillo es una fruta muy extraña porque no se puede degustar cruda —es *allappusu*, áspera— sino sólo cocida. Y las guindas en almíbar, de extraordinario aroma. Las guindas eran muy importantes porque se usaban para hacer las tartas y pasteles de masa quebrada de las monjas, así como para decorar la *cassata*.

Luego estaban los trozos de queso de oveja de los campos, los que tenían pimienta y los que no.

Ese revoltijo de diferentes aromas nunca me molestó. Me sentía como si estuviera dentro de un mapa, porque los productos procedían de otras fincas de parientes: membrillos de San Basilio, en la zona este, guindas de Ribera, queso de Cammarata, mientras que de nuestros campos de Mosè procedían las aceitunas en aceite, en salmuera y las *pasuluna*, es decir, las aceitunas negras caídas, brillantes, resecas aunque no demasiado, con las que se preparaba el pan. La miel provenía de las colmenas de Canicattì, al igual que los pistachos, que, sin embargo, nosotros teníamos en Mosè, por costumbre familiar. Las almendras crecen por todas partes en Sicilia y las nuestras eran muy buenas.

La familia compartía toda la comida destinada a conservarse, y era bonito saber de antemano que algún empleado de un tío —o ese propio tío— vendría para traer los productos de sus campos. Se hacía sitio en el cillero, se limpiaba y al final llegaban las cestas o las cajas o los toneles que nos regalaban nuestros parientes. Hoy ya no existen cilleros tan fragantes.

Cuando la abuela Benedetta, mi abuela paterna, venía a vernos, le gustaba cocinar y pasaba mucho tiempo en la cocina, pero desconfiaba de las criadas. Mamá abría el cillero todas las mañanas y luego, por la tarde, hacía que le llevaran las llaves después de que la cocinera lo cerrara. La abuela, en cambio, lo abría y se quedaba con las llaves, y luego iba y lo cerraba ella misma, ofendiendo a las criadas. Cuando llegaba el momento de sentarse a la mesa, le decía a la criada: «Cierra el cillero y tráeme las llaves». La camarera metió un gato dentro, y luego le dijo: «Vuestra señoría me ha de perdonar, *ci trasiu u gattu*, se ha colado un gato, se está comiendo *u caciu*, el queso. O me da las llaves o tendrá que venir y abrir la puerta». Invariablemente la abuela se levantaba, iba a liberar al gato y luego volvía a cerrar la puerta.

Yo me sentía indecisa: por un lado, sabía que no debía reírme de mi abuela, por otro sabía que mi madre tenía razón y que por eso las criadas la respetaban, y por otro más sentía pena por el gato. Un gran dilema sin resolver.

La araña *perciata*

En el comedor de la casa de Palermo hay una gran araña de cristal de Murano. Se dice que sufrió una importante alteración respecto a su estructura original del siglo XVIII. Sin embargo, hay que aclarar de inmediato que esa alteración se hizo por una buena causa: iluminar mejor las comidas familiares. El autor de aquello fue el abuelo, a quien nunca conocí porque murió un año antes de que yo naciera.

El abuelo Giuseppe (a quien todos llamaban Peppino), padre de mi padre y cuyo nombre lleva mi hermano, era un hombre muy especial: todos lo estimaban y con todos se mostraba atento y generoso. Pero sobre todo fue un hombre moderno e ingenioso. Se dice que fue el primero de toda la familia (y cuando digo «familia» me refiero a un conjunto de parientes tan amplio como para vaciar de sentido la muy actual definición de «familia extendida») en poseer un taladro eléctrico, en aquellos tiempos un artilugio muy de vanguardia. Nunca desaprovechaba la oportunidad de ofrecer su intervención para colgar cuadros y espejos en cualquier pared libre que tuviera frente a él, y era muy solicitado entre familiares y amigos. A medida que envejecía, su miopía avanzó, por lo que los cuadros no siempre quedaban perfectamente rectos, pero todos le estaban agradecidos y nadie se quejó nunca.

Volvamos a Murano, sin embargo, y a esa espléndida araña que encierra todas las virtudes del arte veneciano del vidrio. En su mayoría, los lampadarios de los antiguos palacios de la época estaban coronados con una única flor de cristal que colgaba de la cazoleta, *de la cual partían los brazos que sostenían las luces, doce en el primer círculo, en la base, seis en el segundo círculo colocado justo por encima. La luz procedía originalmente de velas, por lo que se dirigía hacia arriba. Cuando llegó la iluminación eléctrica, el abuelo proyectó y construyó todo el sistema de candelabros con sus propias manos: en todos los brazos de cristal de Murano reemplazó las velas por bombillas. Por desgracia, la luz no caía, sin embargo, directamente sobre la mesa, como ocurre con las lámparas modernas, equipadas con bombillas colocadas hacia abajo. El ingenio del abuelo no tardó en encontrar la solución: sustituyó la última flor de la araña por otra flor de Murano, hábilmente perciata, agujereada, por su fiel taladro, para que pasara por ella el cable eléctrico de una gran bombilla colgante. De esa manera, la mesa quedaría bien iluminada, por fin.*

Aunque la luz (como los cuadros y los espejos) caía ligeramente torcida, cumplía a fin de cuentas con su deber: iluminar la mesa servida. Los comensales veían lo que había en el plato y, sobre todo, podían mirarse a la cara unos a otros con satisfacción. Desde entonces, la flor perciata del abuelo ha permanecido allí, y permanecerá quién sabe cuánto tiempo.

Todos estamos muy orgullosos de ello. Esta araña del siglo XVIII, la única a la que se le aportó la célebre modificación, ha permanecido en el comedor utilizado para ocasiones especiales: comidas familiares, aniversarios, invitados especiales. Las paredes de la sala están pintadas de color verde agua y en una de ellas cuelgan los platos de un servicio de porcelana decorado con rosas rosadas y ribeteado en oro. No sé si mi abuelo estuvo involucrado en la colocación de los platos, pero algo me da a entender que sí. Son perfectamente simétricos.

Siempre me he preguntado que llevó a colgar platos en la pared. Descubrí que era una moda doméstica que databa de la posguerra y ahora ya no resulta actual, pero en esa casa sigue habiendo cuadros, platos y candelabros para medir el tiempo y las tradiciones de nuestra familia.

Sí, la familia. El almuerzo siempre ha sido un acontecimiento en nuestro hogar, y tal vez por esa razón se vivía con tanta aprensión la falta de luz. «Todo está iluminado», *dice Jonathan Safran Foer, y yo añado que debe estar iluminado cada detalle de una mesa que se precie,* conzata, *puesta, como es debido. Entre platos, vasos y mantel debe existir una delicada armonía.*

Incluso cuando somos solo nosotros cuatro, mamá, papá, mi hermano y yo, disfrutamos de ese orden y de ese equilibrio. Los gestos se repiten, los colores respaldan esta precisión, los alimentos se sirven con gracia y nuestra vida prosigue abanderada por el más escrupuloso decoro. Decoro que se mantiene, a mayor razón, cuando hay invitados. En este caso, se siguen las reglas de la hospitalidad, para que con la convivencia se desplieguen la participación, la alegría de compartir, la cuntintizza.

Poner la mesa es algo hermoso y cautivador, porque la mesa es un humilde teatro antiguo y, al mismo tiempo, una maravillosa puesta en escena. Desde el mantel hasta los platos, todo habla de costumbres. Y entonces me entra por pensar en la abuela Teresa, a la que le encantaba bordar y cuyos manteles todavía usamos hoy. Siento mucho cariño por esos manteles perfectamente bordados, sobre todo teniendo en cuenta que no he logrado asimilar ese arte, al igual que no he aprendido a hacer ganchillo. Me hubiera gustado hacerlo y ser tan buena como todas las mujeres de la familia.

Hay un gran saber escondido en esos diseños impecables, en ese despliegue de telas sobre las que se imprime mediante la destreza de los dedos una apoteosis de imágenes (flores, hojas, ramas) que vienen de lejos.

Debo admitir que también me gusta mucho la mesa minimalista, pero siempre estoy atenta a los detalles: todo debe dejarse solo aparentemente al azar, creando armonías de colores y formas. Detesto las mesas confusas e innecesariamente abarrotadas. El centro de mesa debe estar presente pero no ser demasiado alto, ni invasivo: debe permitir que los comensales se miren a la cara. Me encantan los centros de mesa navideños con colores cálidos, así como los prima-verales, delicadamente perfumados.

También en la mesa me gusta pensar que vivo en un mundo que siento mío, pero bajo la atenta mirada de la bombilla de mi abuelo, que sonríe con luz gracias al cristal perciato de Murano.

Palermo es precioso

Desde las ventanas de la casa de Agrigento podía verse el panorama del Valle de los Templos, donde solía ir a dar el pasco de rigor. A Chiara y a mí se nos acompañaba en coche y se nos dejaba allí con la niñera durante una o dos horas, mientras mi padre o el chófer iban al campo, para recogernos después y volver a casa a tiempo para el almuerzo.

Ver el mar a través de las columnas de los templos suponía siempre una gran emoción: sabía que por allí habían llegado los griegos, y cada barco que surcaba aquellas aguas y se encaminaba luego hacia Porto Empedocle me hacía pensar en la nave de Ulises. Conocía su historia y sabía que había arribado a la punta extrema de la Sicilia occidental, donde hoy está Trapani, y siendo un hombre curioso, había subido al monte Erice; pensé que tal vez habría hecho una parada aquí también. Acariciaba la roca amarilla y porosa y miraba desolada los trozos de columnas arrojados al suelo quizá por algún terremoto, quizá por los enemigos. Me percataba del sentido del tiempo, acompañado de la misma manera por la belleza y la nostalgia. Entonces miraba a mi alrededor, veía los campos en flor en primavera y, en verano, los campos de trigo, amarillos y compactos como un mar de hojas, miraba el cielo y luego el mar. Me sentía completamente feliz, olvidada de mí misma.

Esa misma *cuntintizza* la sentí más tarde de adolescente, siendo estudiante de secundaria, mientras caminaba con mis compañeras por las calles de Palermo en busca del pasado de la ciudad que me había visto nacer. Me llamaba la atención el puente dell'Ammiragio, que consta de doce arcos que aumentan en altura a medida que se avanza hacia el centro. Lo construyeron los normandos, antepasados de mi primo Silvano. Luego pasábamos por detrás de la catedral, donde había una pequeña logia que era lo único que quedaba de la casa de mis antepasados pisanos, que llegaron a Palermo en el siglo XV. Al pasar frente a las fachadas barrocas de las principales iglesias, pensaba en las mujeres de mi familia que habían sido obligadas a convertirse en monjas.

Siempre quise vivir en Palermo, ahí estaba mi pasado. Durante los últimos cincuenta y cinco años he vivido en el extranjero, pero cada año, al volver a la ciudad, recorro ese itinerario varias veces para reafirmar mi identidad, cada vez con una *cuntintizza* que se hace cada vez más conmovedora y firme. Saber quién eres, de dónde vienes y dónde naciste es tan importante como saber qué quieres hacer con tu vida. Conozco a algunos palermitanos que se niegan a volver a vivir en Palermo, y tendrán sin duda sus buenas razones. Ha existido y continúa existiendo la mafia, la ciudad ahora está tan mal conservada como antes, la *munnizza*, la basura, está por todas partes, hay obras callejeras que llevan décadas sin concluir, pero Palermo siempre me parece precioso.

Encuentro en sus tiendecitas una humanidad extraordinaria: familias que han vivido de vender muebles durante generaciones, ofreciendo comida callejera a lugareños y turistas, y además tiendas de ropa de antes de la guerra, ferreterías, minúsculos cafés y freidurías donde comprar el famoso «*pane e panelle*», un bocadillo de tortillitas de harina de garbanzo, la comida callejera típica de Palermo, importada por los fenicios en el siglo VIII a.C. y nunca olvidada. Se trata de una *cuntintizza* especial, porque alimenta el cuerpo y el alma. Siempre como *pane e panelle* mientras camino, me hace sentir unida a mi ciudad.

Palermo siempre tuvo una prostitución muy próspera. Yo conocí a las prostitutas de Palermo cuando iba a la Casa Professa, en la ciudad vieja, y me aventuraba por las calles que frecuentaban. Eran mujeres de todas las edades, que estaban sentadas en el balcón o en la planta baja a la espera de clientes, pero sin perder nunca su propia dignidad. A menudo, el burdel estaba escondido detrás de una sastrería, regentada acaso por mujeres ancianas: lugares de encuentros, galantes incluso, donde las prostitutas eran aceptadas sin pestañear. Siempre ha habido palermitanos que se casaban con prostitutas o con hijas (vírgenes) de prostitutas. En ambos casos, como esposas eran unánimemente respetadas.

Cuando, en el siglo XVII, las prostitutas francesas con las que se solazaban los caballeros de Malta fueron expulsadas de la isla por orden de la Iglesia, desembarcaron en Palermo, donde continuaron con su profesión. Recibían en su casa y ofrecían banquetes extraordinarios gracias a sus cocineros, llamados *monsù* (franceses ellos también), y a ellos les debemos la riqueza de la cocina palermitana bajo la influencia de la francesa.

Comer da *cuntintizza* en Palermo: desde el antiquísimo *pane e panelle* que durante dos mil setecientos años ha deleitado nuestro paladar hasta los helados traídos por los árabes, pasando por la repostería de *pasta reale*, las galletas monásticas y, por último, las delicias decimonónicas de las pastelerías suizas y francesas, que aún siguen siendo fieles a las recetas de sus antepasados. Solo puede haber *cuntintizza* al caminar por la calle lamiendo un cucurucho de helado o al saborear pasteles de almendra, los *supplì* franceses, los *krapfen* austriacos.

Nunca he comido dulces mejores que los de Palermo, que encierran en verdad las grandes cocinas europeas y explotan los mejores ingredientes del mundo junto con la riqueza de nuestros productos. Además de orgullo y cierta satisfacción, reina un ambiente de bienestar, de bondad entre las personas que frecuentan los bares y pastelerías. Nunca he presenciado una pelea en una heladería o una pastelería de Palermo.

Una visita al *mikve*

*Existen pequeñas costumbres domésticas que pasan de generación
en generación y parecen unirlas a todas. El baño en la bañera, por
ejemplo, es una de ellas. Quién sabe, tal vez sea la reminiscencia
de tiempos pasados, de esa antigua usanza nunca perdida que
aúna a muchos a través de una bañera llena de agua. Por lo general, en las casas del campo o en las de la ciudad un poco viejas y
descuidadas, son los baños, por encima de otras habitaciones, los
que conservan la memoria y el testimonio del tiempo pasado.*

*Papá tiende a guardar y almacenar, con la esperanza de que
todo encuentre su utilidad en el futuro, en lugar de encontrar un
uso de inmediato. Fue mamá quien recuperó la bañera de metal
esmaltado en blanco con patas zoomorfas que papá guardaba en
el garaje, le recordaba al antiguo baño de la casa de su infancia.
Ella le devolvió la vida transportándola a la terraza, donde la usó
para colocar macetas.*

*En mi familia todos somos amantes de las bañeras. Y en nin-
gún baño, aunque sea reformado, se ha sustituido por una ducha.
¿Qué puede haber más hermoso que zambullirse en una bañera
llena de agua caliente y espuma suave, al final de un día intenso y
agotador, cuando no deseas nada más que un momento de absoluta tranquilidad en soledad?*

*Me pregunto quién puede preferir de verdad permanecer de pie
en la ducha —sin duda más práctica, moderna, rápida y barata—,
en vez de estar cómodamente tumbado en remojo, en medio de los
vapores y olores de un baño caliente.*

El agua caliente tiene un efecto vasodilatador que relaja y destensa, al igual que respirar los vapores de aceites esenciales como el de lavanda. Sumergida en el agua caliente, donde el calor y el olor son una combinación inigualable, alcanzo la dicha. Y pienso y reflexiono. A veces observo las gotitas de condensación que descienden en paralelo por las baldosas y sobre los espejos, formando casi una franja reluciente que se destaca de las demás baldosas opacas: se trata de una cuntintizza que perdura desde hace siglos, antigua y moderna al mismo tiempo.

La del baño caliente en la bañera es una antigua costumbre de nuestra cultura grecorromana que yo encuentro irrenunciable; personalmente no podría prescindir de él.

En muchas culturas, el baño caliente es una costumbre que va más allá del ámbito de la higiene personal para convertirse en un auténtico ritual.

La inmersión del cuerpo en un líquido con una finalidad higiénica, terapéutica o ritual tiene raíces muy profundas en las culturas y en la historia de los pueblos, y constituye también un punto de contacto entre religiones diferentes (en el cristianismo todo empieza al mojar en una pila la cabeza del recién nacido). Es bonito pensar que culturas lejanas incluso tienen algo en común, y que bañarse en la bañera es uno de los puntos de unión.

El ofuro es un antiguo ritual del baño japonés practicado a altas temperaturas en tinas de madera. Se realiza por la noche, al final del día y después de lavar cuerpo y cabello con agua y jabón. Su objetivo, por lo tanto, no es la limpieza, sino la depuración y eliminación de todo el estrés acumulado durante el día. Según la tradición, hay que sumergirse en la misma agua en orden jerárquico: primero los invitados, luego los ancianos y luego los demás miembros de la familia.

A propósito del tema de los baños usados como ritos de purificación, mis pensamientos se vuelven hacia el mikve judío. Un

sábado por la tarde a finales de octubre, con motivo de la Vie dei
Tesori, una manifestación cultural que abre las puertas de iglesias y oratorios, palacios, criptas, conventos, archivos y muchos
otros lugares de la ciudad normalmente no accesibles al público,
durante uno de nuestros habituales paseos por el centro de Palermo, Simonetta y yo decidimos ir a visitar uno. Caminar es algo
que nos gusta mucho a las dos, nos coordinamos a un ritmo ace-
lerado, nos encanta observar, tomar ideas y conversar.

En aquella ocasión hablábamos precisamente de cómo nos gustaba a ambas sumergirnos en la bañera, y el significado que tiene
ese gesto en diferentes culturas. Simonetta está fascinada con la
cultura judía y por eso, en ese deambular, me miró y me sugirió:
«¿Qué te parece si vamos a visitar el mikve?».

De esta forma, recorriendo las calles y callejones del centro histórico, nos encontramos en la plaza frente a la iglesia de Casa Professa. Allí, en la cavidad subterránea de un claustro interno al que
se accede desde un edificio colindante, el Palazzo Marchesi, se ha
descubierto un antiguo baño femenino judío.

Emocionadas e impacientes como dos adolescentes en fila para
un concierto, estábamos allí afuera, esperando para entrar y descubrir lo que nos deparaba el Palermo subterráneo: nunca habíamos
visto un baño judío. Verlo en vivo sería sin duda un privilegio. Era
una oportunidad imperdible.

Mientras esperábamos, observábamos las caras de los que salían tras haberlo visitado, tratando de captar un comentario, una
palabra o una sonrisa, algo que nos hiciera entender cómo era.
Solo necesitábamos un pequeño adelanto para mantener a raya
nuestra curiosidad.

Y por fin llegó nuestro turno. Ordenadamente, en grupos de
cuatro personas, bajamos por un estrecho tramo de escaleras, oscu-
ro pero corto, que nos llevó a una pequeña habitación, un vestua-
rio quizá, y luego, después de haber pisado algunos escalones más,
entramos en la cavidad subterránea que albergaba una tina llena

*de agua clara. El guía nos explicó que seguía alimentándola el Ke-
monia, uno de los dos ríos del Palermo fenicio.*

*En esa cavidad tallada en la piedra, en un silencio religioso,
justo allí ante nuestros ojos se desvelaba un escenario conmovedor:
esa agua clara y pura, por provenir de un manantial natural, estaba tan cerca de nosotros que podíamos tocarla. Yo respiraba el aire
húmedo que olía a tierra, a esa piedra constantemente húmeda.*

*Sentí algo místico y misterioso, que me fascinaba. Mi mirada y la
de Simonetta se encontraron por un momento, como para subrayar
una emoción compartida. Cuando el guía nos indicó que saliéramos,
en un silencio religioso lanzamos una última mirada al* mikve *antes
de volver a subir. Me sentía purificada. Como las mujeres judías que
se bañaban allí.*

El mikve, *en la religión judía, se utiliza para purificar el cuerpo femenino después del ciclo menstrual, después del parto y para
preparar a la novia para el matrimonio. El agua que llena la bañera debe provenir necesariamente de una fuente natural, de un
acuífero, y según la tradición no debe haber barreras entre la mujer y el agua de inmersión; por lo tanto, debe quitarse la ropa, las
joyas, el maquillaje.*

*El baño, extrapolado de cualquier contexto sociocultural, sigue
siendo un momento de especial intimidad, de cuidado y de amor
por uno mismo y por el propio cuerpo, pero también una oportunidad de honda reflexión.*

En el claustro de Casa Professa

La presencia judía en Sicilia se remonta al primer milenio. Mejor educados que la población autóctona, el Pueblo del Libro tenía una ventaja sobre el indígena medio siciliano y los gobernantes de la época. Debido a su nivel de educación y habilidades laborales, era común que los gobernantes locales les asignaran funciones destacadas.

Las persecuciones de Fernando el Católico terminaron con su expulsión, decretada el 12 de septiembre de 1192 y llevada a cabo en los doce meses siguientes; el año siguiente puede definirse como el *annus horribilis* para los judíos sicilianos, el año en el que una próspera comunidad se encontró por decreto real despojada su carácter siciliano. El edicto sancionó la diáspora de los judíos de una tierra que consideraban «prometida», un episodio muchas veces olvidado por la mayoría.

En períodos de mayor agresividad hacia ellos, los miembros que quedaban de la comunidad judía se refugiaban literalmente bajo tierra, en escondites habilitados en sus propias casas y en cuevas. Algunos continuaron ejerciendo sus profesiones con cautela, sobre todo los médicos y los empleados de la administración pública y privada. A menudo, para hacerlo, habían tenido que renunciar a su propia religión en favor del cristianismo: una «conversión» deseada por los propios judíos, pero sobre todo impuesta por esas instituciones, cuyo funcionamiento dependía del trabajo de dirigentes y empleados judíos.

Los Giudice, la familia de mi madre, habían emigrado a finales del siglo XVIII desde Génova, donde ejercían la profesión de médicos. Más tarde compraron terrenos agrícolas y un par de minas de azufre. Se hicieron ricos, manteniendo un gran rigor intelectual y artístico. Tengo entendido que su colección de restos griegos era conocida hasta en el British Museum.

Estoy bastante segura de que eran judíos, convertidos más tarde al catolicismo. Por un examen que me hice parece ser que tengo sangre judía en las venas, pero también podría provenir de la rama de los Agnello. Aunque en ninguna de las dos familias se ha hablado nunca de este tema, me quedo con la esperanza de que ese examen certifique la verdad: estaría muy orgullosa de ello.

Sé que Palermo tenía una próspera comunidad judía, pero nunca había visto un lugar que pudiera definirse como un hogar judío. De ella han quedado huellas en algunos topónimos, como en el caso de la Discesa dei Giudici (que viene de «judíos»), pero poca cosa más. Nada sobre las mujeres judías.

El loable proyecto Vie dei Tesori me ofreció la oportunidad de visitar el *mikve*, el baño femenino judío. Está ubicado justo en el centro del claustro de la Casa Professa de Ballarò, en el corazón de Palermo, que había frecuentado asiduamente de niña sin saber de la existencia de ese lugar. Aquel día estuve con Costanza, pero me sentía sola ante la responsabilidad que advertía por el trato que habían sufrido los judíos por parte del pueblo siciliano, al que pertenezco, y además en mi propia ciudad.

Los baños estaban bajo tierra, a propósito. Gracias a mis amigas judías americanas aprendí mucho sobre el ritual del baño, y pude conocer el significado profundo de un acto de limpieza en un lugar que fortalece la hermandad entre mujeres.

Mientras bajaba esos escalones, me sentía sola, diferente a los demás. Había vuelto a ser judía, o, por lo menos, lo deseaba intensamente. Esa agua —el agua clara y fresca de Kemonia— purificaba y fortalecía a las madres, conscientes de que las tropas reales capturarían, atormentarían y violarían a sus hijos, varones y hembras; aquellas mujeres mantuvieron su fe y pureza de alma, una pureza firme, atávica, que las aguas en las que se sumergían contribuían a fortalecer.

Que se hubiera construido un convento en el lugar de purificación de las mujeres judías no me pareció casual, sino la traducción evidente de la crueldad del cristianismo y de su voluntad de humillar y destruir una vez más al pueblo del que nació Yeshu'a. Me sentía avergonzada. Sufría.

Mantuve los ojos medio cerrados mientras bajaba, con mi mano izquierda tanteando en la penumbra, palpando las paredes. Sin tolerar siquiera lo poco que vi, cerré con determinación los párpados. Quería estar solo conmigo misma.

En esa oscuridad, me imaginaba a esas mujeres hechas de aire y luz bajando por las escaleras de piedra y adelantándome, Vestidas de blanco se deslizaban por los ocultones una tras otra en una fila perfecta, cantando. Me las imaginaba como mi amiga estadounidense Myriam, una profesora universitaria que, antes de la ceremonia nupcial y el corte ritual del pelo, se había sumergido en las aguas del *mikve* en Boston. Una mujer abierta, inteligente, serena, generosa, fiel a su religión. La veía allí, a mi Myriam, una mujer moderna y antigua a la vez, judía ortodoxa y, sin embargo, amiga de una católica siciliana, y lloré en mi corazón un mea culpa frente a las aguas del Kemonia.

LUGARES ENAMORADOS, CRISTALES ENAMORADOS

Las losas de Palermo

Siempre estoy a la escucha de ese extraño lenguaje secreto que hablan los lugares donde el tiempo ha actuado sin trabas. Es como si lo pasado y lo oculto se convirtiera en un relato, en una historia.

Siento una atracción muy fuerte por el centro histórico de Palermo, por el «viejo Palermo». Pasear por sus callejones, fascinantemente desaliñados, decadentes y mágicos, y respirarlos a fondo me provoca un escalofrío que recorre todo mi cuerpo. Allí el tiempo parece haberse detenido por momentos, o más bien parece detenerse de vez en cuando para luego retomar su curso normal, oscilando entre el pasado y el presente.

Siempre he tenido la impresión de que yo pertenecía a ese Palermo y de que ese Palermo me pertenecía a mí. De esta sensación, que me completa, siempre me he preguntado la razón, y quién sabe, tal vez en otra vida nací, viví y me crie en esos mismos callejones, entre esas tiendas de artesanos, entre las iglesias que exhiben sus ricas fachadas. Y me gusta pensar que quién sabe cuántas veces habrán golpeado mis zapatos contra las losas de esas calles. Me gusta creer que es así. Me gustan hasta los «hedores» del viejo Palermo, reafirman el encanto decadente del tiempo vivido.

Una de las cosas más fascinantes del centro histórico son los mercados, que, por lo general, mezclando lo sagrado y lo profano, están cerca de una iglesia: es el suyo un caos que cuenta la historia de una ciudad. En medio del estruendo de esos tenderetes, se escucha abbaniare, vocear: «¡Pescado! ¡Fruta! ¡Verduras! ¡Especias!».

En los mercados de Palermo se grita, se canta, se recitan rimas, se hechiza a los transeúntes.

Pasear por el centro histórico me confirma en mis raíces. En verdad, un vínculo real entre mi familia y la antigua Palermo existe: Palazzo Comitini, hoy Palazzo della Provincia. Fue mi abuelo, que lo heredó de niño y nunca vivió allí, lo vendió. Es un placer para mí saber que un edificio de tal mole y belleza pertenece hoy a un organismo público y que está, por lo tanto, al alcance y disposición de los ciudadanos, manteniendo en todo caso nuestro nombre.

Mi abuelo dejó allí todos los muebles excepto las lámparas de Murano del siglo XVIII, por las que sentía un especial apego y que se llevó consigo en el momento de la venta. Todo el resto fue donado a la Provincia, pero por desgracia solo queda un leve rastro.

La estatal 115

Vivir en una isla confiere una gran certeza: conozco mis confines. También provoca inseguridad, porque puede llegar gente de fuera a cualquier parte de la costa. En otros tiempos, contaba mi padre, el emperador Carlos V ordenó construir torres a lo largo de la costa: si había peligro, encendían un fuego en lo más alto, para que las demás torres de vigilancia lo vieran y lo repitieran, formando una cadena de señales de alarma. De esta manera, se pretendía que los enemigos cambiaran de opinión y retrocedieran. Nunca pensaba en esta vulnerabilidad, de niña, porque Sicilia formaba parte de Italia y nadie venía de fuera, a través del mar. Me sentía feliz y confiada.

Recientemente, la costa siciliana, especialmente la del sur, se ha convertido en el lugar de desembarco de miles de emigrantes procedentes de Oriente Medio y África. Un auténtico éxodo. Lamentablemente, como sabemos, estos inmigrantes no son bien recibidos, algo en lo que el gobierno italiano tiene también una gran responsabilidad. Me entristece, comprendo incluso sus razones, pero no lo justifico. Los italianos, y los sicilianos en particular, emigramos a América desde mediados del siglo XIX, y luego al resto de Europa después de la guerra, y fuimos bienvenidos en todas partes. ¿Por qué debemos tratar de forma diferente a estos refugiados que quieren trabajar y ganarse el pan junto a nosotros?

El mar se ha vuelto penoso, portador de dolor, y ya no de personas esperanzadas y seguras de ser bien recibidas. Mirar el mar ya no proporciona alegría, serenidad y *cuntintizza*, sino ansiedad, incluso cuando no hay ninguna embarcación a la vista. Me pregunto cuánta gente ha muerto en su confiada travesía o cuántas personas fueron asesinadas por los propios transportadores, arrojados por la borda después de que les sacaran sumas considerables para pagar el pasaje. Me entristece vincular estos sentimientos al mar Mediterráneo, que durante toda mi vida ha sido un mar feliz, un mar que siempre me ha fascinado y me ha dado identidad y *cuntintizza*.

Por tal razón, he buscado recientemente la *cuntintizza* en la tierra y en el cielo abierto. Cruzar Sicilia desde Agrigento hasta Palermo, siguiendo la carretera estatal 115, es como hacer un viaje en un mar sin agua, sobre todo cuando el trigo está maduro. Los romanos llamaban a esta tierra «el granero de la República». Hoy otros cultivos han suplantado al latifundio, pero los campos de trigo permanecen por doquier. En primavera, son todos de color verde brillante y se doblan flexibles con el viento. En verano se vuelven dorados, las espigas son largas y se elevan con orgullo: saben que sus granos darán pan, y el siciliano se alimenta de pan.

Los ferrocarriles estatales que unen Palermo con Agrigento siguen en gran parte la carretera estatal. Desde el tren que cruza los campos tengo la sensación de volar acompañada por las mieses, noto los pájaros en el cielo que a ratos descienden hasta rozar casi las espigas, y veo a lo lejos las casitas de los guardianes de los campos, pues hay que proteger el trigo y mantener a raya a los ladrones. Amarillo, azul y verde: casi un cuadro, como los de Piero Guccione, el gran pintor siciliano que supo dar alma al mar y a los trigales de su isla.

Mi isla

Primer movimiento

A veces sentimos la necesidad de renunciar a todo y huir a un puerto tranquilo, donde seamos nosotros quienes decidamos qué puede entrar y qué debe en cambio quedarse fuera. Todo esto puede quedar meramente como una idea abstracta en la que en todo caso resulta agradable acunarse, o el deseo puede volverse concreto.

¿Qué es una isla?

Cuando me alejo de tierra firme es como si abandonara todos los pensamientos, o por lo menos los que contaminan la frenética rutina, llevándome conmigo tan solo los buenos y agradables. Los otros los dejo en el muelle del puerto, y los veo empequeñecerse. La estela del hidroplano me dice que me voy alejando. Y eso me basta. Tengo la sensación de dar valor a los momentos «buenos» y anular gran parte de los «malos»

Frente al mar inmenso y majestuoso, ya esté picado y agitado o tranquilo e inmóvil como una balsa de aceite, experimento una sensación de serenidad y plenitud. Hay pocas cosas que tienen el mismo poder sobre mí. Me llena observar su movimiento constante y rítmico. Me pasaría horas allí sentada al borde de una roca, contemplándolo en silencio. Incluso en invierno. Me gusta sumergir los pies en el agua fría y salada, me gusta sentirla subir por las piernas, me gusta mover los pies dentro, ligeros. Y es que todo se vuelve ligero dentro del agua.

El carácter del mar es voluble: se enfada, hace scruscio, *ruido, se desata como una furia, y cuando todo parece perdido se aquieta, se calma, se sosiega.*

Nada hay más fascinante que el mar en invierno, que es todo menos despreocupado, pues se muestra más bien melancólico y reflexivo. Me siento reflejada en él.

Mirando por el ojo de buey, en medio de esa masa de agua que parece no tener fin, de repente, como si fuera un marinero de otros tiempos, avisto algo en el horizonte: ¡tierra! Mi isla.

Creo que toda persona que ama el mar como yo lo amo debe encontrar «su» isla, su lugar feliz desligado (no a la fuerza geográficamente) de todo lo demás.

Mi isla es Favignana. Solo tengo que divisar sus costas, el color amarillo pajizo de la toba a través del cristal manchado de agua salada para sentirme mejor. Todavía no he tocado tierra y en la pasarela del hidroplano siento ya la fuerza de un abrazo envolvente, la mano familiar que se extiende y me da la bienvenida.

Siento la caricia del aire. Exactamente igual como aquella tarde de finales de septiembre de hace unos años, al final de mis vacaciones de verano. Los días empezaban a acortarse y los atardeceres a adquirir ese color que difícilmente puedes quitarte de los ojos. Estaba con mi novio de entonces y en el camino del puerto a mi casa —un estudio en la planta baja con su única ventana mirando al mar— el cielo se tiñó de repente de un rosa intenso, con matices anaranjados y algunas vetas de glicinas: una paleta reflejada en el mar que hacía las veces de espejo. Fue ahí cuando «congelé la imagen».

Creo que nunca había visto algo tan cautivador. Recuerdo ese instante a la perfección, la respiración entrecortada por la emoción, mientras avanzábamos con el ciclomotor por el paseo marítimo con vistas a Levanzo, una pequeña isla frente a Favignana. Atónitos, en un silencio casi religioso que acompañaba la contemplación de semejante espectáculo de la naturaleza. Duró breves momentos, luego el cielo viró hacia tonos más tenues. *Quién sabe si él también sintió lo mismo. Nunca se lo pregunté. Cada vez que recuerdo ese momento, en mi cabeza suenan las notas de una canción de Gianna Nannini,* Aria, *concretamente. Favignana es una isla llana que puede recorrerse en su totalidad. Vista desde arriba, tiene la forma de una mariposa que descansa sobre el agua con las alas extendidas.*

Solo hay una colina donde se halla un castillo que domina y controla toda la isla, dividiéndola en dos partes. Según la interpretación historiográfica local, el castillo de Santa Caterina se levanta donde antes había una torre vigía construida por los sarracenos durante su período de dominación. De hecho, la vista desde lo alto recompensa la fatigosa caminata para llegar a la cima del promontorio, desde donde se disfruta de una espléndida panorámica. Me gusta subir a esa cumbre al final de la tarde, antes de que la puesta de sol lo inflame todo entre el rosa y el anaranjado.

En Favignana uno se mueve en bicicleta, perdiéndose en el silencio de los caminos de tierra, entre hinojos silvestres y asnos, entre viñedos y el mar donde sopla con fuerza el viento. A veces me encuentro respirando fuerte para atesorar el aire y retenerlo dentro tanto como pueda: como una reserva de bienestar cuando esté lejos, cuando extrañe el mar, el viento y el sol.

Es en esta isla donde redescubrí (quizá fuera más correcto decir que descubrí) el placer de andar en bicicleta. Pedaleo con el viento en la cara, a menudo sonriendo a la nada sin darme cuenta siquiera, hasta el punto de que cualquiera que se cruza conmigo se siente casi obligado a devolverle la sonrisa. Ahora me percato de ello, pero quién sabe cuántas veces habrá pasado.

De niña, yo era un poco torpe (incunnata) con la bicicleta, siempre más lenta que el resto de los niños, que salían disparados como flechas. Yo no dejaba de caerme y papá siempre estaba preparado detrás de mí para volver a ponerme de pie, o más bien en el sillín; me daba un empujón y yo, feliz e insegura, me afanaba hasta la siguiente caída. No se me daba bien y tardaron en quitarme las ruedas de apoyo de la bicicleta. Pedalear hoy solo me provoca felicidad.

El mar, como la cocina, es terapéutico. Y una vez que me sienta «curada» y regenerada, puedo volver a la ciudad.

Segundo movimiento

Una isla es un microcosmos donde se entrelazan pocos, pero sólidos equilibrios, donde las reglas son inflexibles, incluso para quienes están de paso o de vacaciones. Es un núcleo desprendido de tierra firme, no solo geográficamente, un pedazo de tierra rodeado por una masa de agua con unas costumbres muy concretas que, de alguna manera, quienes decidan acudir a él deben respetar. Cada isla es una realidad única, diferente a cualquier otra, porque cada contexto es diferente.

La realidad de la isla puede parecer cerrada y hostil hacia los forasteros, pero en realidad no lo es, basta saber entrar de puntillas en las tramas de la maquinaria, sin pretender perturbar su armonía.

Hay acontecimientos capaces de remover el universo, acontecimientos tan cargados de significado y del espíritu de los lugares que los albergan que merecen ser vistos una vez por lo menos. Uno de estos es la paranza.

Yo estaba en la «isla de la mariposa». Era una tarde de finales de verano en el que no hacía demasiado calor y, estimulada por los rumores que nunca dejaba de oír sobre aquel acontecimiento, decidí que quería saber más, mejor dicho, que quería verlo con mis propios ojos. Así que comencé a preguntar a los habitantes de la isla en qué consistía esta paranza *que todos esperaban.*

Lo primero que se le viene a la cabeza a un italiano, al oír ese nombre, es la imperecedera fritura de pescado, y ese día descubrí que ese plato toma su nombre del barco que se usaba para la pesca de «arrastre». Bacaladitos, lenguados pequeños, salmonetes, anchoas, chipirones, calamares y gambas.

La paranza, el pescaíto frito, típico del sur y de las islas en general, nació como un plato pobre, preparado con las sobras de la pesca de «arrastre». En otros tiempos, era costumbre de los pescadores vender al mercado los ejemplares más hermosos y más grandes, orgullo de una pesca rentable, y quedarse con el pescado más pequeño, de menor tamaño, menos valioso, menos demandado y, en consecuencia, de escaso valor comercial. Los pescadores acostumbraban a consumirlo en sus casas, tras enharinarlo y freírlo, muy caliente. Un plato pobre que en ocasiones se engalanaba con la noble presencia de los calamares y las gambas.

La paranza es también, por lo tanto, la pequeña embarcación que vuelve a puerto con la pesca del día para vender el pescado en el muelle, momento de cierta importancia en un día isleño.

Esa tarde, mis indagaciones empezaron preguntando a los viejos pescadores locales, quienes supuse que eran los mejor informados. «Disculpe, ¿sabe cuándo llega la paranza hoy?», le pregunté al primero con el que me topé. Él, con gesto de fastidio, sin levantar siquiera la vista de las redes que desenredaba: «Unnu sacciu», no lo sé. El segundo al que me dirigí (tenía suficientes canas como para conocer todos los secretos de la isla) me despidió con un «Picchì, ¿Por qué?, ¿es que hay paranza hoy?». A esas alturas, la voluntad de deshacerse de lo que probablemente les pareció una turista entrometida estaban bastante claras. Sin embargo, decidí no desanimarme y, tras seguir preguntando por ahí, ¡descubrí por fin que había paranza y que llegaría al puerto de Favignana alrededor de las cinco y media o las seis!

En efecto, al aproximarse el momento, la zona portuaria empezó a poblarse. Algunos silbaban mirando al cielo, otros observaban *el horizonte con aire socarrón, había quien leía un periódico apoyado en los barcos y otros que charlaban del tiempo con un transeúnte. Una aparente calma distraída parecía marcar esos minutos que transcurrían lentamente. Todos, sin embargo, de vez en cuando, casi de forma cíclica, volvían la mirada en la misma dirección. De perturbar esa atmósfera en suspenso solo se encargaban los turistas, curiosos y ruidosos, que eran incapaces de ocultar su entusiasmo por esa inminente llegada.*

Resulta interesante la forma en la que los isleños tratan de proteger su tierra, queriendo preservarla de aquellos que, estando allí de tránsito, pueden no tratarla con el cuidado que se merece.

De pronto se vislumbró en el horizonte un punto que avanzaba lentamente hacia tierra firme, balanceándose a derecha e izquierda, quizá por el peso de la carga o quizá, sencillamente, por estar a merced de las olas. Poco a poco fue tomando forma, despertando la excitación en los impacientes espectadores en tierra: ahí estaba, la barquita de la paranza, que se acercaba lentamente con su carga aún por descubrir. Porque nunca se sabe de antemano qué sorpresas nos ha reservado el mar para ese día.

Por fin esa interminable espera había terminado y el misterio de la pesca del día estaba a punto de ser desvelado. Apenas había dado tiempo para amarrar y descargar el fruto de un duro día en el mar y un grupo de personas ya se había reunido a su alrededor. La regla era una y muy práctica: quien llegaba el primero tenía derecho a elegir las piezas más hermosas. Eso explica toda esa tensión y esa adrenalina.

La paranza es un momento de intenso folclore isleño, pero también de intensa agregación, que une a diferentes personas (lugareños, restauradores, turistas, transeúntes) que comparten un mismo objetivo: hacerse con el mejor pescado, tener el privilegio de elegir. Un torrente de voces que se superponen para afirmar sus preferencias bajo la rígida dirección del jefe de la paranza, quien fiel a las reglas se esfuerza por respetar los turnos y las prioridades.

Porque también en la paranza, *como en todas las cosas, hay cierto «buen tono»: quien intenta pasar por encima de los demás podría acabar pagando con la pérdida de su turno.*

Todo esto se lleva a cabo con una habilidad cargada de adrenalina que culmina en la conquista: llevarse a casa el pescado de su elección.

Vasos

¿Cómo nos ponemos en contacto con los objetos? ¿Es el uso lo que nos guía? ¿Es la evidencia de las formas? ¿Y dónde se encuentran el uso y la forma?

Siento una verdadera pasión —mejor dicho, tal vez sea una obsesión— por los vasos, en particular por las copas grandes y pequeñas, ya sean modernas o antiguas, y por los vasitos para después de las comidas. Observo su transparencia, paso los dedos por ese fino cristal y espero a ver cómo responden al contenido. Cada bebida tiene derecho al lugar correcto, a un contenedor adecuado, a un vestido que le quede perfecto.

De niña abría las puertas de los viejos muebles de la casa en los que se guardaban los juegos de vasitos de licor, mis favoritos, pequeños y decorados, hechos de cristal, algunos con pie, otros no.

¿Por qué tanta variedad? Fascinada, me perdía en riachuelos de preguntas. Me pasaba las horas mirándolos, me parecían sencillamente perfectos. Eran como miniaturas de los vasos habituales, y a mis ojos no podían ser más que vasos para muñecas. ¿De qué les servían a los mayores esos vasos tan pequeños? ¿Cuántas veces debían llenarlos antes de saciar su sed?

Estaba tan fascinada que en esos momentos ya no me importaba nada. En ese momento solo me interesaba jugar. Los sacaba del armario uno por uno con mucha precaución; eran frágiles y delicados y yo era muy consciente de ello. Los maniavo, los toqueteaba, y los limpiaba pasándoles un trapo, primero por dentro, luego por fuera. Fingía beber quién sabe qué poción, y luego los devolvía a su sitio.

Todavía hoy, devolver su transparencia original a los cristales y poder mirar a través de ellos sigue siendo una sensación agradable: el polvo camufla el brillo del cristal y lo apaga.

Pasaron años hasta que descubriera que los «vasos de las muñecas» estaban destinados en realidad a los licores que se beben al final de una comida por su efecto digestivo, muy apreciado después de las grandes comilonas. Como se trata en su mayoría de bebidas con una notable gradación alcohólica, basta con pequeñas cantidades para que se dejen notar. He aquí la explicación del pequeño calibre de esos vasos.

Incluso después de que resolver ese dilema, mi atracción por los vasos no desapareció. Limpiarlos sigue siendo un pasatiempo para mí, aunque inusual. Cuando necesito relajarme o pensar antes de tomar decisiones importantes, abro esos gabinetes polvorientos y limpio los vasos. Y lo hago durante horas. Es extraño, pero cada vez tengo la sensación de que hay alguna pieza nueva, nunca vista (quizá olvidada), o que se me ha escapado alguna. Parecen tener su propia voz, parecen evocarla en su partitura de cristal. Hay en mí algo de Alí Babá ante su tesoro reluciente y hay algo de director de orquesta.

Después de tanta luz, después de tanta música, vuelvo a colocarlos todos en orden y me siento mejor. Limpiar y ordenar le sienta bien a la mente y ayuda a pensar, o al menos tiene ese efecto en mí.

Con su fragilidad y sensibilidad, los vasos transmiten una energía positiva y una sensación de tranquilidad. Siento el impulso de comprarlos para cualquier ocasión y me gustaría tener espacio para coleccionar cada vez más.

Qué vasos usar en la mesa es un examen que termina por distraerme incluso de los comensales. Me sorprendo a veces, los fines de semana, caminando por los mercadillos de Palermo y deteniéndome en los ropavejeros para comprar copitas de cristal antiguas, piezas únicas a veces pertenecientes a antiguos servicios de quién sabe qué familia, que vivieron en quién sabe qué casa; únicos supervivientes de un servicio que acabó desmembrado, quizá por cuestiones de herencia, o que se hizo añicos. Suelen encontrarse en los tenderetes piezas sueltas o como máximo en parejas, que luego me divierto en conjuntar con otros vasos de distinta procedencia. Fantaseo imaginándome sus orígenes y todo el camino recorrido antes de acabar ahí en medio de mil cachivaches más. ¿Qué se bebió en ellos? ¿Y quién lo hizo? ¿Cuándo se usaron por última vez?

Los servicios mixtos tienen su propia dignidad: basta con combinar piezas pertenecientes a diferentes servicios, pero utilizadas para la misma función. Al fin y al cabo, la belleza radica también en la falta de homogeneidad. No son raros los casos en los que asignar a cada comensal una copa diferente desata en mí la magia de una combinación misteriosa, que tal vez acabe revelando un rasgo desconocido de su carácter.

El cristal

Durante la Segunda Guerra Mundial, la casa de vacaciones de Mosè fue alcanzada, aunque afortunadamente no destruida, por las bombas de los británicos y estadounidenses que desembarcaron en Licata en el verano de 1943. Diez años después, mis padres decidieron arreglarla para pasar los meses de verano allí. El arco de la torre normanda, incorporado al edificio del siglo XIX, recuperó su esplendor y también el resto de la casa restaurada.

Faltaban muebles y enseres, a excepción de los dos enormes armarios de la cocina. En ese momento intervinieron los hermanos de mi madre, que se habían mudado uno a Palermo y el otro a Roma y vivían en pisos modernos, mucho más pequeños que los de Agrigento donde habían vivido antes de la guerra. Le regalaron todo lo que les sobraba o ya no necesitaban: muebles, cuadros, alfombras, ropa de casa y vajillas.

Ayudé a mamá a abrir las cajas llenas de cubiertos, platos y vasos: la decoración de la mesa. Había juegos de platos con flores, ramas, diseños geométricos y cubiertos con mangos inusuales; pero mi pasión eran los vasos, en particular, los guardados en un baúl en el que estaba escrito: *vasos y botellas de cristal — particularmente frágiles.*

Recuerdo la mañana soleada del día en que llegaron todas esas cosas, en un camión. Mamá me había llamado para que la «ayudara», pero en realidad ambas sabíamos que formaba parte de mi educación como anfitriona. Trabajábamos junto con Francesca, la criada de mamá, en la antecocina, donde habían sido depositadas las cajas. Mamá y Francesca sacaban los vasos de la caja o del baúl en los que se habían guardado, retiraban uno a uno el papel que los envolvía y los colocaban sobre las mesas. Mi tarea consistía en recoger el papel en un saco, destinado a alimentar la caldera de agua de la cocina.

Aprendí pronto a reconocer los vasos de mesa, invariablemente blancos, con base redonda, cuadrada o de copa, hechos de vidrio reciclado o soplado, con el borde decorado con diseños geométricos o florales. ¡Recuerdo mi asombro cuando vi por primera vez un vaso con borde plateado!

En algunos servicios había tres o cuatro copas de vino. No entendía para qué servían. Mamá me explicó que ciertos tipos de vino y licor requieren un vaso especial. Yo solo había probado el vino una vez, y por lo que sabía, podía ser blanco o tinto según el color de la uva de la que proviniera.

«¡Pero si no hay vasos especiales para el agua!», exclamé. «¿Por qué para el vino sí?»

«El vino procede de distintos tipos de uva; después del prensado se deja reposar en barricas diferentes, a temperaturas diferentes y durante períodos de tiempo diferentes. De esta forma cambia: a veces se vuelve dulce, otras veces amargo. En algunas barricas forma burbujitas. Entonces el vino está listo para ser bebido. Cada tipo de vino tiene una copa de forma diferente, y da *cuntintizza* a quien lo bebe con moderación. ¡Demasiado vino sienta mal y conduce al vómito; a veces las piernas se te ablandan!», me dijo mamá muy seria. Y luego añadió: «¡Pero vosotros los niños solo bebéis zumo de uva, que no tiene alcohol!».

«¡Esta es la copa para un vino francés que proviene de una región llamada Champagne!», dijo en determinado momento, y me enseñó un vaso estrecho y alto, con un tallo muy recto que unía la base redonda al cáliz. «¡Se bebe en ocasiones importantes y felices, por ejemplo, cuando naciste tú!», y me estampó un beso en el pelo.

A partir de ese momento no volví a abrir la boca, la *cuntintizza* de haber sido recibida con una copa de aquel vino, recién nacida, me enorgullecía, me hacía sentir especial, y seguí ayudando diligentemente a mi madre. Sacaba con cuidado los vasos envueltos de la caja y los ponía sobre la mesa, uno por uno, junto a sus «compañeros», bajo su atenta mirada. De esta manera me familiaricé no solo con copas de tallo largo, sino también con las copas barrigonas de tallo muy fino. «Son tan panzudos porque su vino viene de Burdeos; es tinto, fuerte y envejecido durante años: en los vasos barrigudos se oxigenan», me explicó mamá.

Ciertos vasos estaban dedicados únicamente a un vino o licor, como los de champán, el único vino que había probado en mi vida, en el bautizo de mi hermanita pequeña.

También había vasos de cáliz estrecho y alargado para licores, y otros cuadrados y pesados para un licor inglés llamado whisky. Los cálices estaban decorados con diseños en zigzag, en hilos paralelos, en hilos retorcidos, incluso con cuadrados, parecía un diseño ligero creado con una pluma de hierro puntiaguda. También la decoración de algunos tallos de las copas era sorprendente: parecía como si se hubieran entrelazado tubitos de cristal; a veces incluso estaban coloreados de rojo, verde y azul.

Mamá abrió luego una caja larga y estrecha y sacó vasos de cáliz en forma de flor: «Para el sherry, un licor inglés». Y luego los vasos de bohemia, bajos y redondos con un borde de flores celestes, y los de *rosolio*, nuestro vino dulce, anchos y de forma triangular, con el borde de cristal cubierto con una lámina de plata. Entre estos, recuerdo uno en particular, con un cáliz de vidrio grabado y una base de plata repujada y un asa. «Cristal de Bohemia», dijo mamá, poniéndolo en mi mano. Acaricié aquel cristal finísimo y brillante, con hojas grabadas en la base de plata, consciente de tocar algo especial, y me estremecí. De aquellas cajas emergieron otros vasos de colores rojos, azules, verdes, amarillos, unos pequeños y toscos, otros más anchos, pero también redondos: eran «vasos para licores, estos también vienen de Centroeuropa».

La última caja contenía vasos otomanos de porcelana blanca o de cristal coloreado, cada uno con una tapa de metal repujado muy decorada y una base del mismo metal, con asa también repujada. «Estos vasitos, muy corrientes en los países del Imperio Otomano, Grecia, Turquía y Egipto, se os trajo como regalo a tu abuela su hermano mayor, a quien le encantaba viajar a los países mediterráneos».

El placer de beber

Beber es un placer que nos reserva la edad adulta, cuando somos lo suficientemente responsables para poder lidiar con los efectos del alcohol, y nos dejamos llevar con levedad según nuestro gusto (¡Ay! ¡Este «al g.» me sigue por todas partes!) para disfrutar de una copa en compañía.

Desde hace años, la hora del aperitivo se ha convertido en una auténtica cita y ha creado una costumbre que no conoce límites de edad: el aperitivo pone a todo el mundo de acuerdo. Es una oportunidad de unión y discusión. Marca el momento de cambio, del final del trabajo, cuando no se desea otra cosa más que el puro relax y puedes apartarte del cansancio diurno para disfrutar de la compañía de amigos. Entonces aparecen las bebidas y los snacks: un momento de frivolidad en el que mecerse.

Los lugares donde se bebe suelen tener luces tenues: es la barra iluminada la que domina la escena, es ella la que llama la atención de quienes entran. Es como subir a un escenario donde, cuando se abre el telón, todo está perfecto, en orden, listo para ser vivido. Mi primera mirada se dirige a los vasos, colgados boca abajo del tallo en hileras o apilados unos encima de otros en los estantes. Brillantes, flamantes, cristalinos, de impecable transparencia, diferentes formas para diferentes bebidas, el contenedor perfecto para cada bebida. Copas grandes y pequeñas para bebidas espumosas y tragos cortos, cócteles servidos sin hielo y encerrados en un escaso volumen: esta forma de vaso, además de destacar por su elegancia, realza los aromas y colores de la bebida y permite mantenerla fresca, dado que las copas se sostienen por el tallo. Le siguen los clásicos vasos de trago largo, en la versión alta y baja, grandes y espaciosos, de cristal grueso, adecuados para contener grandes volúmenes de líquido y hielo (yo bebo en ellos mojitos). Y, además, las copas de vino, con un tallo largo en cuyo extremo se abre el cáliz: son más anchas y redondas, para permitir que el vino tinto respire y se oxigene; en cambio, para apreciar el brillo del vino blanco, son más adecuadas las copas alargadas y esbeltas, como la flauta, de cáliz alto y estrecho que suele utilizarse para los vinos espumosos. Por último, al fondo, separadas del resto de vasos y a veces en un estante especial, los vasitos de licor o de digestivo, unos con tallo y otros sin él, pequeños y perfectos.

Hablando de la flauta, le tengo una verdadera antipatía a ese vaso tan incómodo —tanto que la nariz impide a veces beber— y tan años ochenta, pero me esfuerzo por superarlo.

La barra de un bar está atestada de herramientas, aparatos, utensilios y todo tipo de ingredientes: preparar una bebida no es un asunto baladí y es una habilidad que no escapa al observador atento.

Hay especias encerradas en sus recipientes para conservar sus aromas, plantas aromáticas, la ineludible menta fresca en manojos (la más utilizada de las hierbas para la mezcla). Hay rodajas de naranja y limón deshidratadas que se utilizan como guarnición, en su sencilla elegancia. Y luego está el hielo, muchas veces pasado por alto, que es en cambio una parte fundamental, ya que condiciona el resultado de la bebida, influyendo en su dilución. Funciona bien en todas sus formas, cubos, bloques únicos y esferas, siempre que sea hielo de calidad y no se derrita rápidamente. No pueden faltar las pajitas y palillos de madera para sujetar las aceitunas u otras cosas dentro del vaso.

Y, por último, los auténticos protagonistas: las botellas de vinos y licores, de zumos y tónicas, de siropes y extractos, muchas veces artesanales. Todo ello intercalado con curiosos útiles del oficio, normalmente de acero pulido: coctelera, mano de mortero, vaso medidor, colador.

Detrás del mostrador, el barman se mueve con gracia y coordinación, parece bailar en medio de todas esas botellas de destilados, vinos y licores. Lo observo atenta, sigo cada uno de sus movimientos y trato de descubrir su dinámica, todos esos pasos que conducen al resultado final.

Siempre que puedo, prefiero tomar mi bebida en taburetes altos: pocos asientos, pero en primera fila. Desde allí disfruto del espectáculo de las cocteleras moviéndose a un ritmo frenético, con ese ruido apremiante de piedrecitas, de castañuelas, de granizo que produce el hielo sacudido por la diestra mano del barman, que la agita hasta que los ingredientes del cóctel estén bien mezclados y listos para ser filtrados y vertidos en el vaso más adecuado, ya puesto a enfriar en hielo.

En esos taburetes, además de observar, también puedo interactuar directamente con el barman haciéndole preguntas, preguntas y preguntas, para saciar mi sed de saberes y de sabores. A veces, en cambio, es él quien hace preguntas, pocas y específicas, para captar mejor los deseos de quienes están bebiendo en ese momento y quizá prefieran pedir un cóctel fuera de la carta.

Los bármanes o barwomen *son tradicionalmente personas que saben hablar y les encanta hacerlo. Preparan, confeccionan y dejan que su maravillosa alquimia fluya desde lo alto, pero a menudo son al mismo tiempo grandes animadores.*

El cine nos ha dado a conocer a bármanes filósofos, preciosos confidentes de consumidores infelices y solitarios, campeones de la sabiduría de vivir, consoladores de corazones rotos.

El de la coctelería es un mundo misterioso y fascinante. Lleno de anécdotas que explican los orígenes, verdaderos o supuestos, de bebidas famosas: cómo y dónde nacieron, quién es su «padre», por qué se llaman así... Historias de complejos recovecos que a menudo resultan discordantes entre sí, a causa de las innumerables versiones que van cambiando con el tiempo, pasando de boca en boca, de oreja a oreja. Me fascina saber que detrás de esos pocos mililitros hay un estudio cuidadoso y depurado y, en muchos casos, una historia, una anécdota que contar.

Los cócteles, en otros tiempos confinados en un lugar secundario, hunden sus raíces en un pasado lejano, que se remonta al siglo xix. Desde entonces han recorrido un largo camino: han evolucionado, han cambiado, se han refinado y han sabido adaptarse a modas y tiempos gracias a la mano de sus creadores: los bármanes.

Cada bebida tiene su propia historia que contar, para aquellos que quieran escucharla.

Brindis de despedida

Y ahora, tal como empezamos este libro, lo cerramos. Juntas. Y, por fin, levantando una copa. Después de todo, estas páginas nacieron hace unos años como un libro sobre bebidas. Nos preguntábamos cuánto placer había en el ritual o, si se quiere, en la ceremonia de la bebida, cuánto arte había en la creación de esas bebidas (alcohólicas y no) que solemos llamar «aperitivos». Nos preocupaba el tema de la hora del aperitivo, una hora crepuscular, por lo general, una hora de tránsito, una hora como suspensa entre dos mundos, entre el tiempo del trabajo y la dimensión familiar, conyugal, amiga de la cena. Llegamos a la conclusión de que ese rito vincula a las jóvenes generaciones a una tradición muy rica, a través de fórmulas y costumbres muy distintas, pero abundantes en referencias y consonancias. No solo eso: también estaba el tema de la inclusión cultural y geográfica. Basta pensar, sin profundizar demasiado, en la riqueza de los cócteles, en el éxito de un trago largo como el *spritz*, austrohúngaro de nacimiento y planetario a estas alturas. Detrás de todo este mágico camino de degustaciones, llegamos a una sensación más amplia y articulada que, partiendo de esa forma tan particular de placer, llegaba hasta la sosegada fascinación por todas las «pequeñas razones de la belleza de vivir». Es una maravilla que el amasijo que forma la palabra *cuntintizza* lo contenga todo.

¡Nada más ser nombrado, cuántas historias ha evocado el espíritu de la *cuntintizza*! Nos encontramos en medio de nuestra memoria, nos volvimos a ver a ambos lados de la hermosa terraza que fue durante muchos años como un puente tendido entre nuestras vidas, entre nuestras edades, entre nuestras campiñas, entre Londres y Palermo.

Fuimos recogiendo las migajas de las «pequeñas razones» como las hormigas del cuento.

Nuestra intención ha sido compartir muchas cosas.

Y por esta pequeña patria común, por el hechizo de la *cuntintizza*, levantamos ahora el cáliz.

Hasta muy pronto.

Simonetta
Costanza

Las personas

FRANCESCO AGNELLO GANGITANO, padre de Simonetta

ELENA GIUDICE, madre de Simonetta y Chiara, tía abuela de Costanza

TERESA, hermana de Elena, abuela de Costanza y tía de Simonetta

MARIA, abuela materna de Simonetta y bisabuela de Costanza

GIOVANNI, hermano mayor de la madre de Simonetta

CHIARA, hermana de Simonetta

SILVANO, hijo de Teresa Giudice, prima de Simonetta y padre de Costanza

TERESA, madre de Costanza

GIUSEPPE, hermano de Costanza

GASPARE, hijo de Giovanni Giudice y primo de Simonetta

PEPPINELLO, hermano menor de Elena, tío de Simonetta y de Silvano

PEPPINO, marido de Teresa y tío de Simonetta

Los lugares de Simonetta

Casa de Agrigento

En Agrigento, los Agnello vivían en el último de los tres pisos de un edificio de finales del siglo XIX que daba a la calle central de la ciudad, via Roma. Desde allí disfrutaban de unas espectaculares vistas al mar y al Valle de los Templos.

Casa de Palermo

Los Agnello se mudaron a Palermo en 1957, cuando Simonetta tenía trece años, para que cursara secundaria en el Liceo Ginnasio Garibaldi. Vivían en un piso en via XX Settembre, dentro del Palacio Dato, uno de los más hermosos de Palermo, con su fachada modernista. Se lo alquilaron a una sobrina de la tía Giuseppina Agnello Dara, que vivía en la planta noble.

Finca de Mosè (Agrigento)

Mosè pertenecía a una obra piadosa y por eso estaba equipada según las necesidades de los religiosos: hermosos olivos centenarios para el aceite de oliva, almendros y pistachos para los dulces, algarrobos para el azúcar y campos de cereales para el trigo, así como huertas y pequeños viñedos, todo para el uso de los monjes. No era un feudo, pero dada la grandeza de la torre normanda construida mil años antes en el pasado, debía de tratarse de una posesión de cientos de hectáreas. En la capilla donde se celebraba la misa aún se conserva un hermoso cuadro de la visita de los Reyes Magos.

Ahora Mosè es una casa rural con piscina para minusválidos, gestionada por Chiara, la hermana de Simonetta.

Cannameli

Antiguo feudo colinoso de la familia Agnello, ubicado entre Siculiana y Porto Empedocle. Allí se levantaba una gran casa de vacaciones de los Agnello, desgraciadamente dañada por los bombardeos. Un río en cuyas orillas crecían los juncos garantizaba el abastecimiento de agua para los animales y la familia. Cuando Simonetta lo conoció, Cannameli estaba abandonado. El único sonido era el gorgoteo del agua que bajaba hacia el mar.

Los lugares de Costanza

Finca de San Basilio (Caltagirone)
La casa de campo está a unos veinte kilómetros de Caltagirone. Es un antiguo monasterio ubicado en la cima de una colina, en una posición estratégica, como todos los monasterios basilios. La estructura data de principios del siglo XIV y pertenece a la familia de Costanza desde principios del siglo XVIII.

Casa de Palermo
Es la casa donde nació y se crio Costanza.

Agradecimientos

Queremos dar las gracias a la editorial Mondadori, en la persona de Alberto Rollo por el apoyo profesional constante, atento y generoso, así como por su habitual competencia, y a Lara Giorcelli por la atención al detalle y las sabias sugerencias, y por último a la oficina de prensa de Mondadori por su apoyo profesional.

Un agradecimiento especial a Giuseppina Pasciuta, extraordinaria creadora de ropa y decoración, y pariente «redescubierta» de Simonetta, quien durante décadas ha sido una fuente de inspiración para Costanza Gravina por su disponibilidad, su profesionalismo y su generosidad.

Damos las gracias a Maria Papè di Valdina —en cuya casa de Palermo completó Simonetta una vez más la redacción de sus escritos, y luego los comparó con los de Costanza— por su habitual cariño y apoyo, particularmente apreciados en los ingratos tiempos del coronavirus.

Costanza desea dar las gracias además al profesor Giacomo Pace Gravina por su útil contribución sobre la historia de San Basilio. A sus padres, Silvano y Teresa Gravina di Comitini, les agradece el haber puesto su casa a su disposición para cualquier necesidad y circunstancia y por su considerable apoyo. También a todo el personal de la farmacia Lumia por su disponibilidad y flexibilidad para el cambio de turnos según las necesidades del libro. Y también a los amigos y las amigas que, aunque no se mencionen personalmente, son una presencia importante y una fuente constante de inspiración.